全国普法学习

U0460887

建筑装修法律法规读本

装饰装修法律法规

魏光朴 主编

汕头大学出版社

图书在版编目（CIP）数据

装饰装修法律法规／魏光朴主编 . -- 汕头：汕头
大学出版社，2023.4（重印）
　　（建筑装修法律法规读本）
　　ISBN 978-7-5658-3240-6

　　Ⅰ.①装… Ⅱ.①魏… Ⅲ.①建筑法-基本知识-中
国 Ⅳ.①D922.297

中国版本图书馆 CIP 数据核字（2017）第 300561 号

装饰装修法律法规　　ZHUANGSHI ZHUANGXIU FALÜ FAGUI

主　　编：魏光朴
责任编辑：邹　峰
责任技编：黄东生
封面设计：大华文苑
出版发行：汕头大学出版社
　　　　　广东省汕头市大学路 243 号汕头大学校园内　　邮政编码：515063
电　　话：0754-82904613
印　　刷：三河市元兴印务有限公司
开　　本：690mm×960mm 1/16
印　　张：18
字　　数：226 千字
版　　次：2017 年 12 月第 1 版
印　　次：2023 年 4 月第 2 次印刷
定　　价：59.60 元（全 2 册）
ISBN 978-7-5658-3240-6

前　言

习近平总书记指出："推进全民守法，必须着力增强全民法治观念。要坚持把全民普法和守法作为依法治国的长期基础性工作，采取有力措施加强法制宣传教育。要坚持法治教育从娃娃抓起，把法治教育纳入国民教育体系和精神文明创建内容，由易到难、循序渐进不断增强青少年的规则意识。要健全公民和组织守法信用记录，完善守法诚信褒奖机制和违法失信行为惩戒机制，形成守法光荣、违法可耻的社会氛围，使遵法守法成为全体人民共同追求和自觉行动。"

中共中央、国务院曾经转发了中央宣传部、司法部关于在公民中开展法治宣传教育的规划，并发出通知，要求各地区各部门结合实际认真贯彻执行。通知指出，全民普法和守法是依法治国的长期基础性工作。深入开展法治宣传教育，是全面建成小康社会和新农村的重要保障。

普法规划指出：各地区各部门要根据实际需要，从不同群体的特点出发，因地制宜开展有特色的法治宣传教育坚持集中法治宣传教育与经常性法治宣传教育相结合，深化法律进机关、进乡村、进社区、进学校、进企业、进单位的"法律六进"主题活动，完善工作标准，建立长效机制。

特别是农业、农村和农民问题，始终是关系党和人民事业发展的全局性和根本性问题。党中央、国务院发布的《关于推进社会主义新农村建设的若干意见》中明确提出要"加强农村法制建设，深入开展农村普法教育，增强农民的法制观念，提高农民依法行使权利和履行义务的自觉性。"多年普法实践证明，普及法律知识，提高法制观念，增强全社会依法办事意识具有重要作用。特别是在广大农村进行普法教育，是提高全民法律素质的需要。

多年来，我国在农村实行的改革开放取得了极大成功，农村发生了翻天覆地的变化，广大农民生活水平大大得到了提高。但是，由于历史和社会等原因，现阶段我国一些地区农民文化素质还不高，不学法、不懂法、不守法现象虽然较原来有所改变，但仍有相当一部分群众的法制观念仍很淡化，不懂、不愿借助法律来保护自身权益，这就极易受到不法的侵害，或极易进行违法犯罪活动，严重阻碍了全面建成小康社会和新农村步伐。

为此，根据党和政府的指示精神以及普法规划，特别是根据广大农村农民的现状，在有关部门和专家的指导下，特别编辑了这套《全国普法学习读本》。主要包括了广大人民群众应知应懂、实际实用的法律法规。为了辅导学习，附录还收入了相应法律法规的条例准则、实施细则、解读解答、案例分析等；同时为了突出法律法规的实际实用特点，兼顾地方性和特殊性，附录还收入了部分某些地方性法律法规以及非法律法规的政策文件、管理制度、应用表格等内容，拓展了本书的知识范围，使法律法规更"接地气"，便于读者学习掌握和实际应用。

在众多法律法规中，我们通过甄别，淘汰了废止的，精选了最新的、权威的和全面的。但有部分法律法规有些条款不适应当下情况了，却没有颁布新的，我们又不能擅自改动，只得保留原有条款，但附录却有相应的补充修改意见或通知等。众多法律法规根据不同内容和受众特点，经过归类组合，优化配套。整套普法读本非常全面系统，具有很强的学习性、实用性和指导性，非常适合用于广大农村和城乡普法学习教育与实践指导。总之，是全国全民普法的良好读本。

目 录

住宅室内装饰装修管理办法

第一章 总 则 …………………………………………………… (1)

第二章 一般规定 ………………………………………………… (2)

第三章 开工申报与监督 ………………………………………… (4)

第四章 委托与承接 ……………………………………………… (6)

第五章 室内环境质量 …………………………………………… (7)

第六章 竣工验收与保修 ………………………………………… (7)

第七章 法律责任 ………………………………………………… (8)

第八章 附 则 …………………………………………………… (10)

附 录

关于进一步加强住宅装饰装修管理的通知 ………………… (11)

住宅工程初装饰竣工验收办法 ……………………………… (14)

本溪市城市房屋室内装饰装修管理条例 …………………… (18)

赤峰市室内装饰市场管理办法 ……………………………… (29)

大同市城市房屋室内装饰装修管理规定 …………………… (33)

西安市建筑装饰装修条例 …………………………………… (41)

益阳市室内装饰行业管理办法 ……………………………… (54)

漳州市住宅室内装饰装修管理规定 ………………………… (59)

克拉玛依市住宅室内装饰装修管理暂行规定 ……………… (64)

邯郸市装饰装修管理办法 …………………………………… (72)

徐州市建筑装饰装修条例 …………………………………… (80)

贵阳市装饰装修管理暂行办法 ……………………………（87）

厦门市建筑外立面装饰装修管理规定……………………（100）

家庭居室装饰装修管理试行办法

第一章　总　　则……………………………………………（109）

第二章　家庭居室装饰装修市场管理………………………（110）

第三章　家庭居室装饰装修工程质量管理…………………（111）

第四章　家庭居室装饰装修合同与价格管理………………（112）

第五章　家庭居室装饰装修作业现场管理…………………（113）

第六章　附　　则……………………………………………（113）

住宅专项维修资金管理办法

第一章　总　　则……………………………………………（114）

第二章　交　　存……………………………………………（115）

第三章　使　　用……………………………………………（119）

第四章　监督管理……………………………………………（122）

第五章　法律责任……………………………………………（124）

第六章　附　　则……………………………………………（126）

附　录

　　中央国家机关办公用房大中修

　　　项目及经费管理暂行办法………………………………（127）

　　住房城乡建设部办公厅、财政部办公厅关于

　　　进一步发挥住宅专项维修资金在老旧小区和

　　　电梯更新改造中支持作用的通知…………………………（133）

住宅室内装饰装修管理办法

中华人民共和国住房和城乡建设部令

第 9 号

《住房和城乡建设部关于废止和修改部分规章的决定》已于 2010 年 12 月 31 日经住房和城乡建设部第 68 次常务会议审议通过，现予发布，自发布之日起施行。

住房和城乡建设部部长

二〇一一年一月二十六日

（2002 年 3 月 5 日建设部令第 110 号公布；根据 2011 年 1 月 26 日住房和城乡建设部令第 9 号修正）

第一章　总　则

第一条　为加强住宅室内装饰装修管理，保证装饰装修工程质量和安全，维护公共安全和公众利益，根据有关法律、法规，制定本办法。

第二条 在城市从事住宅室内装饰装修活动，实施对住宅室内装饰装修活动的监督管理，应当遵守本办法。

本办法所称住宅室内装饰装修，是指住宅竣工验收合格后，业主或者住宅使用人（以下简称装修人）对住宅室内进行装饰装修的建筑活动。

第三条 住宅室内装饰装修应当保证工程质量和安全，符合工程建设强制性标准。

第四条 国务院建设行政主管部门负责全国住宅室内装饰装修活动的管理工作。

省、自治区人民政府建设行政主管部门负责本行政区域内的住宅室内装饰装修活动的管理工作。

直辖市、市、县人民政府房地产行政主管部门负责本行政区域内的住宅室内装饰装修活动的管理工作。

第二章　一般规定

第五条 住宅室内装饰装修活动，禁止下列行为：

（一）未经原设计单位或者具有相应资质等级的设计单位提出设计方案，变动建筑主体和承重结构；

（二）将没有防水要求的房间或者阳台改为卫生间、厨房间；

（三）扩大承重墙上原有的门窗尺寸，拆除连接阳台的砖、混凝土墙体；

（四）损坏房屋原有节能设施，降低节能效果；

（五）其他影响建筑结构和使用安全的行为。

本办法所称建筑主体，是指建筑实体的结构构造，包括屋盖、楼盖、梁、柱、支撑、墙体、连接接点和基础等。

本办法所称承重结构，是指直接将本身自重与各种外加作用力系统地传递给基础地基的主要结构构件和其连接接点，包括承重墙体、立杆、柱、框架柱、支墩、楼板、梁、屋架、悬索等。

第六条 装修人从事住宅室内装饰装修活动，未经批准，不得有下列行为：

（一）搭建建筑物、构筑物；

（二）改变住宅外立面，在非承重外墙上开门、窗；

（三）拆改供暖管道和设施；

（四）拆改燃气管道和设施。

本条所列第（一）项、第（二）项行为，应当经城市规划行政主管部门批准；第（三）项行为，应当经供暖管理单位批准；第（四）项行为应当经燃气管理单位批准。

第七条 住宅室内装饰装修超过设计标准或者规范增加楼面荷载的，应当经原设计单位或者具有相应资质等级的设计单位提出设计方案。

第八条 改动卫生间、厨房间防水层的，应当按照防水标准制订施工方案，并做闭水试验。

第九条 装修人经原设计单位或者具有相应资质等级的设计单位提出设计方案变动建筑主体和承重结构的，或者装修活动涉及本办法第六条、第七条、第八条内容的，必须委托具有相应资质的装饰装修企业承担。

第十条 装饰装修企业必须按照工程建设强制性标准和其他技术标准施工，不得偷工减料，确保装饰装修工程质量。

第十一条 装饰装修企业从事住宅室内装饰装修活动，应当遵守施工安全操作规程，按照规定采取必要的安全防护和消防措施，不得擅自动用明火和进行焊接作业，保证作业人员和周围住房及财产的安全。

第十二条　装修人和装饰装修企业从事住宅室内装饰装修活动，不得侵占公共空间，不得损害公共部位和设施。

第三章　开工申报与监督

第十三条　装修人在住宅室内装饰装修工程开工前，应当向物业管理企业或者房屋管理机构（以下简称物业管理单位）申报登记。

非业主的住宅使用人对住宅室内进行装饰装修，应当取得业主的书面同意。

第十四条　申报登记应当提交下列材料：

（一）房屋所有权证（或者证明其合法权益的有效凭证）；

（二）申请人身份证件；

（三）装饰装修方案；

（四）变动建筑主体或者承重结构的，需提交原设计单位或者具有相应资质等级的设计单位提出的设计方案；

（五）涉及本办法第六条行为的，需提交有关部门的批准文件，涉及本办法第七条、第八条行为的，需提交设计方案或者施工方案；

（六）委托装饰装修企业施工的，需提供该企业相关资质证书的复印件。

非业主的住宅使用人，还需提供业主同意装饰装修的书面证明。

第十五条　物业管理单位应当将住宅室内装饰装修工程的禁止

行为和注意事项告知装修人和装修人委托的装饰装修企业。

装修人对住宅进行装饰装修前，应当告知邻里。

第十六条 装修人，或者装修人和装饰装修企业，应当与物业管理单位签订住宅室内装饰装修管理服务协议。

住宅室内装饰装修管理服务协议应当包括下列内容：

（一）装饰装修工程的实施内容；

（二）装饰装修工程的实施期限；

（三）允许施工的时间；

（四）废弃物的清运与处置；

（五）住宅外立面设施及防盗窗的安装要求；

（六）禁止行为和注意事项；

（七）管理服务费用；

（八）违约责任；

（九）其他需要约定的事项。

第十七条 物业管理单位应当按照住宅室内装饰装修管理服务协议实施管理，发现装修人或者装饰装修企业有本办法第五条行为的，或者未经有关部门批准实施本办法第六条所列行为的，或者有违反本办法第七条、第八条、第九条规定行为的，应当立即制止；已造成事实后果或者拒不改正的，应当及时报告有关部门依法处理。对装修人或者装饰装修企业违反住宅室内装饰装修管理服务协议的，追究违约责任。

第十八条 有关部门接到物业管理单位关于装修人或者装饰装修企业有违反本办法行为的报告后，应当及时到现场检查核实，依法处理。

第十九条 禁止物业管理单位向装修人指派装饰装修企业或者强行推销装饰装修材料。

第二十条　装修人不得拒绝和阻碍物业管理单位依据住宅室内装饰装修管理服务协议的约定，对住宅室内装饰装修活动的监督检查。

第二十一条　任何单位和个人对住宅室内装饰装修中出现的影响公众利益的质量事故、质量缺陷以及其他影响周围住户正常生活的行为，都有权检举、控告、投诉。

第四章　委托与承接

第二十二条　承接住宅室内装饰装修工程的装饰装修企业，必须经建设行政主管部门资质审查，取得相应的建筑业企业资质证书，并在其资质等级许可的范围内承揽工程。

第二十三条　装修人委托企业承接其装饰装修工程的，应当选择具有相应资质等级的装饰装修企业。

第二十四条　装修人与装饰装修企业应当签订住宅室内装饰装修书面合同，明确双方的权利和义务。

住宅室内装饰装修合同应当包括下列主要内容：

（一）委托人和被委托人的姓名或者单位名称、住所地址、联系电话；

（二）住宅室内装饰装修的房屋间数、建筑面积，装饰装修的项目、方式、规格、质量要求以及质量验收方式；

（三）装饰装修工程的开工、竣工时间；

（四）装饰装修工程保修的内容、期限；

（五）装饰装修工程价格，计价和支付方式、时间；

（六）合同变更和解除的条件；

（七）违约责任及解决纠纷的途径；

（八）合同的生效时间；

（九）双方认为需要明确的其他条款。

第二十五条 住宅室内装饰装修工程发生纠纷的，可以协商或者调解解决。不愿协商、调解或者协商、调解不成的，可以依法申请仲裁或者向人民法院起诉。

第五章 室内环境质量

第二十六条 装饰装修企业从事住宅室内装饰装修活动，应当严格遵守规定的装饰装修施工时间，降低施工噪音，减少环境污染。

第二十七条 住宅室内装饰装修过程中所形成的各种固体、可燃液体等废物，应当按照规定的位置、方式和时间堆放和清运。严禁违反规定将各种固体、可燃液体等废物堆放于住宅垃圾道、楼道或者其他地方。

第二十八条 住宅室内装饰装修工程使用的材料和设备必须符合国家标准，有质量检验合格证明和有中文标识的产品名称、规格、型号、生产厂厂名、厂址等。禁止使用国家明令淘汰的建筑装饰装修材料和设备。

第二十九条 装修人委托企业对住宅室内进行装饰装修的，装饰装修工程竣工后，空气质量应当符合国家有关标准。装修人可以委托有资格的检测单位对空气质量进行检测。检测不合格的，装饰装修企业应当返工，并由责任人承担相应损失。

第六章 竣工验收与保修

第三十条 住宅室内装饰装修工程竣工后，装修人应当按照工程设计合同约定和相应的质量标准进行验收。验收合格后，装饰装修企业应当出具住宅室内装饰装修质量保修书。

物业管理单位应当按照装饰装修管理服务协议进行现场检查，对违反法律、法规和装饰装修管理服务协议的，应当要求装修人和装饰装修企业纠正，并将检查记录存档。

第三十一条　住宅室内装饰装修工程竣工后，装饰装修企业负责采购装饰装修材料及设备的，应当向业主提交说明书、保修单和环保说明书。

第三十二条　在正常使用条件下，住宅室内装饰装修工程的最低保修期限为二年，有防水要求的厨房、卫生间和外墙面的防渗漏为五年。保修期自住宅室内装饰装修工程竣工验收合格之日起计算。

第七章　法律责任

第三十三条　因住宅室内装饰装修活动造成相邻住宅的管道堵塞、渗漏水、停水停电、物品毁坏等，装修人应当负责修复和赔偿；属于装饰装修企业责任的，装修人可以向装饰装修企业追偿。

装修人擅自拆改供暖、燃气管道和设施造成损失的，由装修人负责赔偿。

第三十四条　装修人因住宅室内装饰装修活动侵占公共空间，对公共部位和设施造成损害的，由城市房地产行政主管部门责令改正，造成损失的，依法承担赔偿责任。

第三十五条　装修人未申报登记进行住宅室内装饰装修活动的，由城市房地产行政主管部门责令改正，处5百元以上1千元以下的罚款。

第三十六条 装修人违反本办法规定，将住宅室内装饰装修工程委托给不具有相应资质等级企业的，由城市房地产行政主管部门责令改正，处5百元以上1千元以下的罚款。

第三十七条 装饰装修企业自行采购或者向装修人推荐使用不符合国家标准的装饰装修材料，造成空气污染超标的，由城市房地产行政主管部门责令改正，造成损失的，依法承担赔偿责任。

第三十八条 住宅室内装饰装修活动有下列行为之一的，由城市房地产行政主管部门责令改正，并处罚款：

（一）将没有防水要求的房间或者阳台改为卫生间、厨房间的，或者拆除连接阳台的砖、混凝土墙体的，对装修人处5百元以上1千元以下的罚款，对装饰装修企业处1千元以上1万元以下的罚款；

（二）损坏房屋原有节能设施或者降低节能效果的，对装饰装修企业处1千元以上5千元以下的罚款；

（三）擅自拆改供暖、燃气管道和设施的，对装修人处5百元以上1千元以下的罚款；

（四）未经原设计单位或者具有相应资质等级的设计单位提出设计方案，擅自超过设计标准或者规范增加楼面荷载的，对装修人处5百元以上1千元以下的罚款，对装饰装修企业处1千元以上1万元以下的罚款。

第三十九条 未经城市规划行政主管部门批准，在住宅室内装饰装修活动中搭建建筑物、构筑物的，或者擅自改变住宅外立面、在非承重外墙上开门、窗的，由城市规划行政主管部门按照《中华人民共和国城乡规划法》及相关法规的规定处罚。

第四十条 装修人或者装饰装修企业违反《建设工程质量管理条例》的，由建设行政主管部门按照有关规定处罚。

第四十一条　装饰装修企业违反国家有关安全生产规定和安全生产技术规程，不按照规定采取必要的安全防护和消防措施，擅自动用明火作业和进行焊接作业的，或者对建筑安全事故隐患不采取措施予以消除的，由建设行政主管部门责令改正，并处 1 千元以上 1 万元以下的罚款；情节严重的，责令停业整顿，并处 1 万元以上 3 万元以下的罚款；造成重大安全事故的，降低资质等级或者吊销资质证书。

第四十二条　物业管理单位发现装修人或者装饰装修企业有违反本办法规定的行为不及时向有关部门报告的，由房地产行政主管部门给予警告，可处装饰装修管理服务协议约定的装饰装修管理服务费 2 至 3 倍的罚款。

第四十三条　有关部门的工作人员接到物业管理单位对装修人或者装饰装修企业违法行为的报告后，未及时处理，玩忽职守的，依法给予行政处分。

第八章　附　则

第四十四条　工程投资额在 30 万元以下或者建筑面积在 300 平方米以下，可以不申请办理施工许可证的非住宅装饰装修活动参照本办法执行。

第四十五条　住宅竣工验收合格前的装饰装修工程管理，按照《建设工程质量管理条例》执行。

第四十六条　省、自治区、直辖市人民政府建设行政主管部门可以依据本办法，制定实施细则。

第四十七条　本办法由国务院建设行政主管部门负责解释。

第四十八条　本办法自 2002 年 5 月 1 日起施行。

附 录

关于进一步加强住宅装饰
装修管理的通知

建质〔2008〕133号

各省、自治区建设厅，直辖市建委（房管局）：

近年来，随着我国经济快速发展和人民生活水平的提高，住宅装饰装修市场规模不断扩大，在增加就业、带动经济发展、改善人居条件等方面发挥了重要作用。但是，在住宅装饰装修过程中，一些用户违反国家法律法规，擅自改变房屋使用功能、损坏房屋结构等情况时有发生，给人民生命和财产安全带来很大隐患。为进一步加强住宅装饰装修管理，切实保障住宅质量安全和使用寿命，现将有关事项通知如下：

一、提高思想认识，加强组织领导

住宅装饰装修与人民群众的生活和安全息息相关，由装饰装修引发的结构安全问题时有发生，特别是在汶川地震遭受破坏的建筑中尤为突出，这直接关系到人民生命财产安全，也关系到社会稳定和社会主义和谐社会的构建。各级建设主管部门要从落实科学发展观的高度，进一步转变思想，提高认识，增强做好装饰装修管理工作的责任感和紧迫感，切实把这项工作摆到重要议事日程上来。要根据本地区实际，以治理野蛮装修、防止破坏房屋结构为重点，不断健全工作机制，创新工作方法，改进工作作风，加强领导，明确责任，狠抓落实，着力把好住宅装饰装修安全关。

二、严格管理制度，落实相关责任

各级建设主管部门要根据国务院《建设工程质量管理条例》和《住宅室内装饰装修管理办法》（建设部令第110号）等有关规定，进一步完善本地区住宅装饰装修管理制度，落实装修人、装修企业和物业服务企业等住宅管理单位的责任。要加快建立装修企业信用管理制度，严格对装修人和装修企业违法违规行为的处罚。要坚持完善装修开工申报制度，装饰装修企业要严格执行《住宅装饰装修工程施工规范》（GB5037-2001），确保装修质量。要采取切实有效措施，充分调动物业服务企业等住宅管理单位、居委会和住宅使用者参与监督的积极性，逐步形成各方力量共同参与、相互配合的联合监督机制。

三、切实加强监管，确保质量安全

各级建设主管部门要会同有关部门，切实加强住宅装饰装修过程中的监督巡查，发现未经批准擅自开工、不按装修方案施工或破坏房屋结构行为的，责令立即整改。物业服务企业等住宅管理单位应按照装饰装修管理服务协议进行现场检查，进一步强化竣工验收环节的管理，发现影响结构质量安全的问题，应要求装修人和装修企业改正，并报政府主管部门处理。建设主管部门要健全装修投诉举报机制，对住宅装饰装修中出现的影响公众利益的质量事故和质量缺陷，必须依法认真调查，立即责令纠正，严肃处理。

四、完善扶持政策，推广全装修房

各地要继续贯彻落实《关于推进住宅产业现代化提高住宅质量若干意见》（国办发〔1999〕72号）和《商品住宅装修一次到位实

施导则》（建住房〔2002〕190号），制定出台相关扶持政策，引导和鼓励新建商品住宅一次装修到位或菜单式装修模式。要根据本地实际，科学规划，分步实施，逐步达到取消毛坯房，直接向消费者提供全装修成品房的目标。

五、强化宣传培训，营造良好环境

各地要充分发挥宣传舆论的导向作用，利用网络、电视、广播、报纸和杂志等宣传手段，采用板报标语、宣传图册等群众喜闻乐见、易于接受的宣传形式，大力宣传装修过程中私拆滥改的危害，普及住宅装饰装修基本知识，增强广大业主维护自身权益的法律意识和质量安全意识，树立文明装修、合理使用的思想。要针对物业服务企业等住宅管理单位和装修企业，有组织地开展相关培训，提高他们的质量意识和技术水平。要在建筑装饰装修行业积极开展创优评先活动，加强行业自律，建设诚信体系，营造人人重视安全、人人保障安全的良好执、守法环境。

中华人民共和国住房和城乡建设部
二〇〇八年七月二十九日

住宅工程初装饰竣工验收办法

建设部关于印发《住宅工程初装饰竣工验收办法》的通知

建监字〔1994〕第 392 号

各省、自治区、直辖市建委（建设厅），各计划单列市建委，国务院各有关部门建设司（局），解放军总后营房部：

随着广大人民群众生活水平的不断提高，为了满足住户对住房再装饰的要求，克服由于家庭装饰管理薄弱造成的房屋结构破坏、影响使用功能、妨碍邻近居民生活，以及大量浪费等，在调查研究的基础上，建设部决定在新建住宅工程中，推行初装饰竣工的制度。现将《住宅工程初装饰竣工验收办法》印发给你们，望参照执行。

住宅工程推行初装饰竣工验收制度是一项新的工作，可能会遇到一些问题，望各地建设行政主管部门加强领导，及时总结经验，并将有关情况和问题随时向建设部建设监理司反映。

1994 年 6 月 16 日

一、为了适应人民生活水平日益提高的需要，便于居民进行家庭装饰，减少浪费，确保住宅工程质量，制订本办法。

二、凡新建的住宅工程，均可按本办法实行初装饰竣工验收评定。对单位自建和急需用的住宅工程，可由建设单位酌定。

三、本办法所称初装饰，是指住宅工程户门以内的部分项目，在施工阶段只完成初步装饰。

房屋竣工验收交付使用后，房屋进行再装饰，按城市房屋装饰管理有关规定执行。

四、住宅工程初装饰的项目、做法和技术质量要求（含留给面层装饰的余量及面层装饰的要求），应在设计文件予以明确，由建设（开发）单位与施工单位通过施工合同确定和实施。

五、住宅工程初装饰的部位和项目：

1. 户门以内的墙面、顶棚的初装饰。

2. 户门以内的楼地面的初装饰，可只完成地面基层（找平层），不做面层。

3. 各种管线设备安装到位，并按规定进行试水、试压和照明线路的绝缘、接地试验。导线截面应满足设计要求。经建设（开发）单位竣工验收后，灯具、水龙头、给水器具、卫生设备等可按合同进行再安装。

4. 户内门窗等油漆工程的防腐底漆应完成，面层可进行再装饰。

5. 厨房、淋浴间的墙、地面的防水措施，应按设计要求一次到位，卫生洁具在设计指定范围内可进行再安装。如有特殊要求，应事先采取措施。

6. 大空间的内部隔断（非承重墙、壁柜、吊柜等），根据设计说明，可进行再安装。

7. 其它项目，可按合同执行。

六、住宅工程初装饰，应符合以下原则：

1. 初装饰只限在户门以内。全部外檐、公用工程和公用的设备应按设计文件要求全部完成。

2. 初装饰项目，必须依据工程设计文件和技术规范、标准施工，不得随意打洞，更不允许取消隔墙等。不准影响结构安全、使用功能和节能效果。

凡属设计文件未说明的项目，如要进行初装饰的，施工单位应与建设单位协商同意，并取得工程设计单位的设计变更手续，方可实施。

3. 涉及与家庭装饰相关的内部隔断、地面、墙面、门口、门窗等初装饰项目，工程设计和施工单位应注意调整标高、尺寸余量。

4. 凡涉及家庭装饰易损坏防水层或易改变电气、燃气线路及影响使用安全的项目，在施工阶段要一次施工到位。

如施工单位按设计图纸施工，并经竣工验收达到规定标准的，在再次装饰过程中，由于措施不当，而造成损坏防水层，改变电气、燃气线路及影响使用安全等质量问题的，原施工单位不再负责。

七、质量标准和检查验收及竣工质量核定、验收时，有什么项目验收什么项目。分项工程不全的，仍按一个分项工程对待。其质量标准按国家《建筑安装工程质量检验评定标准》及有关规定执行。

由于初装饰是二次装饰的基础，其标高、坡度、平整度、棱角等质量要求不能降低，观感质量评定的基准分不变，仍按原标准执行。

八、实行初装饰的住宅，开发（建设）单位应积极创造条件，努力做到预销售或预分配，提前征求住户对装饰的要求，然后由物业管理机构，按住户的意见统一进行再装饰。

九、再装饰的工程完成后，均应按国家和当地规定标准，由有关部门组织验收。验收不合格的不得报竣或交付使用。

十、家庭装饰委托的施工队伍，必须是经当地建设行政主管部门核发装饰施工资质证书的。不准委托无证单位承揽家庭装饰业务。

十一、凡实行初装饰的工程，因实行初装饰发生的预算差额部分。由建设（开发）单位统一划给物业管理机构，然后，由物业管理机构再按相应的面积比例补偿给住户。

十二、本办法由建设部建设监理司负责解释。

十三、本办法自颁布之日起施行。

本溪市城市房屋室内
装饰装修管理条例

(2013年7月26日本溪市第十五届人民代表大会常务委员会第三次会议通过；2013年9月27日辽宁省第十二届人民代表大会常务委员会第四次会议批准)

第一条 为了加强城市房屋室内装饰装修活动管理，规范装饰装修市场秩序，保障装饰装修的工程质量和公共安全，维护装饰装修活动当事人的合法权益，根据《中华人民共和国建筑法》、《建筑工程质量管理条例》等法律、法规，结合本市实际，制定本条例。

第二条 在本市城市规划区国有土地范围内，城市房屋室内装饰装修活动，适用本条例。

列入文物管理的建筑、军事管理区建筑、古建筑的装饰装修活动，按照相关法律、法规规定实施管理。

第三条 本条例所称城市房屋室内装饰装修（以下简称房屋室内装饰装修），是指房屋所有权人或使用人使用装饰装修材料，对房屋室内进行修饰处理的工程建筑活动。

本条例所称房屋装修人（以下简称装修人），是指进行房屋室内装饰装修的城市房屋所有权人或使用人。

第四条 房屋室内装饰装修应当遵守环境保护、结构安全及消防等有关规定，不得损害国家利益、社会公共利益和他人的合法权益。

鼓励采用环保节能的新技术、新材料、新工艺。

第五条 市房产行政主管部门是全市房屋室内装饰装修活动的行政主管部门。其所属的本溪市房屋修缮装饰装修管理机构具体负责本市房屋室内装饰装修活动的日常监督管理工作。

规划建设、综合执法、环保、公安、消防、工商、财政、人力资源和社会保障、质监及供水、供电、电信等部门和单位，按照各自职责，依法做好有关管理工作。

第六条 市、县（区）人民政府应当将房屋室内装饰装修监督管理所需经费纳入本级财政预算。

第七条 建筑工程总承包以外的装饰装修企业资质，由市房产行政主管部门依法审批、核发资质证书。

第八条 装饰装修企业资质实行年审制度。年审结果记入企业信用档案，作为企业资质升级、降级或者吊销的依据。企业信用信息应当向社会公示，为社会公众提供信息查询服务。

第九条 注册地在本市以外的装饰装修企业到本市从事房屋室内装饰装修活动的，应当持相关资料到市房产行政主管部门备案，并接受工程所在地房产行政主管部门的监督管理。

第十条 从事装饰装修设计、施工、监理、检测的单位应当在其资质等级证书许可的范围内开展业务。

公共建筑房屋室内装饰装修工程，装修人应当委托具有相应资质的设计、施工、监理、检测单位进行设计、施工、监理、检测。

禁止无资质证书、超越资质等级许可范围或允许其他单位、个人以本企业的名义从事房屋室内装饰装修活动。

第十一条 房屋室内装饰装修专业技术人员和特种作业人员，应当接受专业技能培训，实行持证上岗。

第十二条 工程投资额在三十万元以上或建筑面积在三百平方

米以上的公共建筑，室内装饰装修工程开工前，装修人应当向市房产行政主管部门申请办理施工许可证。

第十三条 装修人申请领取施工许可证，应当具备下列条件，并提交相应的证明文件：

（一）房屋室内装饰装修施工合同及装饰装修企业资质证明等相关资料；

（二）按照规定应当委托监理的工程已委托监理的证明文件；

（三）原设计单位或者具有相应资质等级的设计单位对变动房屋主体结构或者加大荷载部位的装饰装修设计方案；

（四）满足施工需要的图纸及技术资料；

（五）保证工程质量和安全的具体方案；

（六）国务院、公安部门规定的大型人员密集场所和其他特殊建设工程，应当提供消防设计审核合格文件；

（七）法律、行政法规规定应当提供的其他资料。

上述材料齐全、符合行政许可条件的，市房产行政主管部门应当自受理申请之日起七个工作日内办理施工许可证。

第十四条 装修人应当自领取施工许可证之日起三个月内开工。因故不能按期开工的，应当在期满前向发证机关申请延期；延期以两次为限，每次不超过三个月。既不开工又不申请延期或者超过延期时限的，施工许可证自行废止。

第十五条 住宅房屋室内装饰装修施工前，装修人应当向物业服务企业或房屋管理单位办理登记备案；本条例第十二条规定情形以外的公共建筑房屋室内装饰装修工程施工前，装修人应当向市房产行政主管部门办理登记备案。

涉及拆改房屋主体结构和明显加大荷载的设计方案，装修人应当委托市房屋安全鉴定机构进行审查，审查合格后方可施工。

第十六条　房屋室内装饰装修当事人应当签订装饰装修合同。

装饰装修合同一般应当包括装饰装修材料及技术要求、价格及支付方式、质量保证金预留额度和纠纷解决途径等主要内容。

提倡使用市房产行政主管部门统一制发的装饰装修合同示范文本。

第十七条　房屋室内装饰装修施工前，物业服务企业或房屋管理单位应当向装修人书面告知注意事项和限制条件，并依据业主规约或房产管理有关规定与装修人签订《房屋装饰装修管理协议》，协议应当包括房屋安全、电梯使用、建筑垃圾处置、允许施工的时间及违约责任等内容。

房屋室内装饰装修工程施工时，装饰装修企业和从业人员应当服从物业服务企业或房屋管理单位的管理，并按照《房屋装饰装修管理协议》要求进行施工，需要开发建设单位、物业服务企业或房屋管理单位提供电气及其他管线线路图的，相关单位、企业应当予以配合。

第十八条　禁止下列房屋进行室内装饰装修：

（一）经鉴定为 C、D 级危险房屋的；

（二）纳入征收范围的；

（三）司法机关依法查封和进入仲裁、诉讼程序的。

第十九条　房屋室内装饰装修工程的施工应当遵守下列规定：

（一）拆改房屋室内供水、供暖、燃气管道及通信设施的，应当经相关管理单位同意；

（二）改动防水层的，应当按照防水标准进行施工，并做闭水试验；

（三）遵守施工安全操作规范，保证作业人员及相邻人的人身和财产安全；

（四）装饰装修材料应当均匀堆放，不得影响房屋结构安全和共用部位、共用设施的使用。产生的各种废弃物，应当与生活垃圾相区分，并依照相关法规规定堆放、清运。

第二十条 房屋室内装饰装修禁止下列行为：

（一）擅自变动建筑主体和承重结构及超过设计标准或规范增加楼面荷载、穿凿楼面；

（二）扩大承重墙上原有的门窗尺寸，拆除连接阳台的砖、混凝土墙体；

（三）在楼面结构层上凿槽，安装各类管线；

（四）改变生活污水排放共用设施；

（五）损坏房屋原有节能设施；

（六）将没有防水要求的房间或阳台改为卫生间和厨房；

（七）在楼梯间、消防通道、电梯间、单元入口处堆放废弃物；从楼上向地面或由垃圾道、下水道抛弃装饰装修产生的废弃物；

（八）拆改消防设施及封堵消防通道；

（九）在 12 时至 14 时、20 时至次日 7 时之间及高考、中考期间或市政府有特殊规定的时段进行产生噪声、振动的装饰装修作业。

第二十一条 房屋室内装饰装修应当保证房屋的质量和结构安全，并按照国家有关装饰装修强制性标准、行业标准进行设计、施工、监理、检测。

装饰装修企业，应当按照工程设计图纸和施工技术标准施工，对施工质量负责，并依法承担工程安全生产责任。

第二十二条 公共建筑房屋室内装饰装修企业应当在施工现场设立公示牌，公示企业名称、施工负责人姓名、联系方式。

第二十三条 房屋室内装饰装修工程实行质量保修制度。装饰装修企业应当出具质量保修书，正常使用条件下，装饰装修工程的最低保修期限为二年，有防水要求的卫生间、房间和涉及外墙面防渗漏最低保修期限为五年，合同另有约定的，从其约定。

房屋室内装饰装修工程的保修期自装修人验收合格之日起计算。

保修期内发生质量问题的，装饰装修企业应当履行保修义务。造成损失的，装饰装修企业应当承担赔偿责任。

第二十四条 房屋室内装饰装修活动造成共用部位的设施、设备损坏或者相邻住宅渗漏水、管道堵塞、停水停电的，装修人应当予以修复；造成损失的，依法予以赔偿。属于施工方责任的，装修人可以向其追偿。

第二十五条 房屋室内装饰装修造成重大安全隐患的，市房产行政主管部门应当会同工程所在地人民政府采取紧急排险措施：

（一）组织人员撤离；

（二）封闭施工现场；

（三）委托房屋安全鉴定机构进行房屋安全技术鉴定；

（四）责令装修人依据鉴定意见进行紧急处理。

第二十六条 装饰装修企业使用的装饰装修材料应当符合国家规定的强制性标准，向装修人主动交付主要材料的合格证、说明书、保修单，并留存下列资料：

（一）代理商的代理证明；

（二）产品执行标准；

（三）产品合格证书；

（四）产品使用说明书；

（五）法定产品质量检验机构出具的相应批次的产品质量检验报告。

禁止使用不符合产品质量标准和国家明令淘汰的装饰装修材料。

第二十七条 公共建筑室内装饰装修工程使用的装饰装修材料，装修人应当委托具有资质的检测机构进行质量检测，经检测合格的方可使用；其他房屋室内装饰装修工程合同有约定的，按照约定实施检测。

第二十八条 公共建筑室内装饰装修工程竣工验收前，装修人应当委托具有资质的环境污染检测机构对室内环境质量进行检测；其他房屋室内装饰装修工程合同有约定的，按照约定实施检测。

环境污染检测机构接受委托后，应当按照国家、行业的标准和规范进行检测，向委托人提交书面检测报告，并对检测报告的真实性、准确性负责。

第二十九条 物业服务企业和房屋管理单位应当对管辖区域内房屋室内装饰装修施工现场进行巡查，发现装修人或者施工方在装饰装修施工中违反法律、法规规定和《装饰装修管理协议》约定的，应当予以制止；对不听劝阻、拒不纠正的，及时向业主委员会或有关行政管理部门报告。有关行政管理部门在接到报告后，应当及时到现场检查核实，对违反法律、法规规定的，由相关部门依法进行处理；对违反《装饰装修管理协议》约定的，由物业服务企业或房屋管理单位依据协议约定追究违约责任。

物业服务企业和房屋管理单位在房屋室内装饰装修管理中不得有下列行为：

（一）指派装饰装修企业或者限制其他合法装饰装修企业及施工作业人员进入本物业管理区域；

（二）强行推销装饰装修材料或者限制装修人购置的装饰装修材料进入本物业管理区域；

（三）违背装修人意愿直接或者间接提供各种与室内装饰装修活动相关的有偿服务；

（四）违法收取费用。

第三十条 核发施工许可证的房屋室内装饰装修工程实行竣工验收备案制度。房屋室内装饰装修工程结束后，装修人应当组织设计、施工、监理等相关单位进行竣工验收，验收合格的，装修人应当在十五日内将竣工验收相关资料报市房产行政主管部门备案。

装修人持市房产行政主管部门核发的施工许可证、备案证明向消防机构进行消防设计备案、竣工验收消防备案。

其他房屋室内装饰装修工程经装修人验收合格后，装饰装修企业应当向装修人交付装饰装修工程质量保修书和各类管线施工图。

第三十一条 房屋室内装饰装修活动中发生争议的，可以通过以下途径解决：

（一）向市房产行政主管部门投诉；

（二）装饰装修合同中有仲裁约定的，按约定申请仲裁；

（三）向人民法院提起诉讼。

第三十二条 装饰装修企业违反本条例第八条规定，未到市房产行政主管部门进行年审或年审不合格的，由市房产行政主管部门责令改正；连续两年未年审或年审不合格的，其资质证书自行失效。

第三十三条 从事装饰装修设计、施工、监理、检测的单位违反本条例第十条第三款规定的，由市房产行政主管部门责令停止违法行为，对设计、监理、检测单位处合同约定的设计费、检测费或监理酬金一倍以上二倍以下的罚款。对施工单位处工程合同价款百分之二以上百分之四以下的罚款，可责令停业整顿，降低资质等级；情节严重的，吊销资质证书；有违法所得的，予以没收；构成犯罪的，依法追究刑事责任；资质证书被吊销的，由市房产行政主管部门书面通知市工商行政主管部门依法进行处理。

第三十四条　装修人违反本条例第十二条规定的，由市房产行政主管部门责令限期改正，逾期不改正的，处五千元以上三万元以下的罚款。

第三十五条　装修人违反本条例第二十条第（一）项规定，经鉴定危及房屋使用安全，情节严重的，由市房产行政主管部门责令改正，并可处五万元以上十万元以下的罚款；造成损失的，承担赔偿责任；构成犯罪的，依法追究刑事责任。

违反本条例第二十条第（二）项、第（三）项、第（四）项规定的，由市房产行政主管部门责令改正，恢复原状，并对装修人处五百元以上一万元以下的罚款。

违反本条例第二十条第（五）项、第（六）项、第（七）项规定的，由市房产行政主管部门依照相关法律法规的规定予以处罚；违反第（八）项、第（九）项规定的由公安机关依据相关法律法规的规定予以查处。

第三十六条　装饰装修企业违反本条例第二十三条规定，不履行保修义务或者拖延履行保修义务的，由市房产行政主管部门责令改正，并可处合同约定工程价款百分之二以上百分之四以下的罚款，低于五千元的按五千元处罚。

第三十七条　装修人违反本条例第二十七条规定的，由市房产行政主管部门责令限期改正，逾期不改正的，处五千元以上五万元以下的罚款。

第三十八条　违反本条例第二十九条规定，物业服务企业或房屋管理单位，对管辖区域内房屋室内装饰装修活动中违反本条例的行为不予制止、不及时向业主委员会或有关行政管理部门报告、或违反禁止性行为规定的，由市房产行政主管部门依照相关法律法规的规定予以处罚。

第三十九条 开发建设单位、物业服务企业或房屋管理单位及装饰装修企业有违反本条例第十七条第二款、第三十条第三款规定，需要开发建设单位、物业服务企业或房屋管理单位提供电气及其他管线线路图不予配合的，以及装饰装修企业验收合格后不向装修人交付工程质量保修书和各类管线施工图的，由市房产行政主管部门责令限期改正，逾期不改正的，可处五百元以上两千元以下的罚款。

第四十条 装修人违反本条例第三十条第一款规定，装饰装修工程不经过竣工验收即交付使用的，由市房产行政主管部门责令改正，拒不改正的，可处工程合同价款百分之二以上百分之四以下的罚款。

第四十一条 已竣工验收交付使用的城市住宅区和住宅小区以外的房屋，以及未经竣工验收或验收不合格的房屋，实施房屋室内装饰装修有违反规划行为的，由城市管理综合执法部门查处，规划建设行政主管部门应当予以配合。

第四十二条 房产、综合执法、规划建设等有关行政管理部门工作人员，在实施管理中，滥用职权、玩忽职守、徇私舞弊的，由所在单位和上级机关依法给予行政处分；构成犯罪的，依法追究刑事责任。

第四十三条 本条例所称房屋主体结构，包括房盖、楼盖、梁、柱、支撑、墙体、连接接点和基础等。本条例所称承重荷载，是指直接将本身与各种外加作用力系统传递给基础地基的主要结构构件和其连接点，包括承重墙体、立杆、柱、框架柱、支墩、楼板、梁、屋架、剪力墙、悬索等。

第四十四条 新建房地产开发项目房屋室内装饰装修与主体工程一并发包的，按照建设行政主管部门相关规定执行；房屋室内装饰装修未与主体工程一并发包的，适用本条例公共建筑装饰装修管理的相关规定。

集体土地范围内，房屋室内装饰装修活动，参照本条例执行。

第四十五条 本条例自 2014 年 1 月 1 日起施行。

赤峰市室内装饰市场管理办法

赤峰市人民政府关于印发《赤峰市室内
装饰市场管理办法》的通知
赤政发〔2004〕014号

各旗县区人民政府，市直各委办局、各企事业单位：

《赤峰市室内装饰市场管理办法》已经市政府同意，现印发给你们，请认真贯彻执行。

赤峰市人民政府
二〇〇四年三月二日

第一条 为加强赤峰市室内装饰市场管理，规范室内装饰市场秩序，保证室内装饰工程质量，根据国务院《建设工程质量管理条例》和《内蒙古自治区室内装饰市场管理暂行规定》，结合赤峰市实际，制定本办法。

第二条 本办法所称室内装饰是指在建筑物成型后，经过另行设计和另行预算，对室内空间（含室内六壁表面）进行的装饰施工以及室内配套用品的安装设置。

第三条 在赤峰市行政区域内，一切从事室内装饰的建设、设计、施工、监理及室内配套用品安装设置的单位和个人，都必须遵守本办法。

第四条 市政府室内装饰行政主管部门对全市的室内装饰市场实施统一监督管理，市室内装饰工程质量预算检审站具体负责室内装饰市场的监督管理工作。

第五条　从事室内装饰工程设计、施工、监理的单位，必须向工商行政管理部门申请领取营业执照；必须向市室内装饰工程质量预算检审站申请领取室内装饰资质等级证书，并在其资质等级许可的范围内承揽室内装饰工程。

禁止设计、施工、监理单位以其他单位的名义承揽工程；禁止设计、施工、监理单位允许其他单位或个人以本单位名义承揽工程；禁止设计、施工单位转包或者违法分包所承揽的工程；禁止工程监理单位转让监理业务。

第六条　从事室内装饰工程的设计、预算、质检、项目经理等专业人员及技术工人，必须向市室内装饰工程质量预算检审站申请领取岗位资格证书，方可从事相应工作。

第七条　取得室内装饰资质等级证书和岗位证书的单位和个人，必须接受资质、资格年检。

第八条　外埠来市内从事室内装饰设计、施工的单位，必须持当地地市级以上有关行政管理部门证明及有关证件，到工程所在地市室内装饰工程质量预算检审站办理验证手续。

第九条　室内装饰设计、施工、监理单位承揽室内装饰工程，必须与室内装饰的单位和个人依法签订书面合同，并使用自治区统一印制的室内装饰工程合同文本。

第十条　室内装饰建设单位必须将工程发包给具有相应资质等级的单位。

投资在30万元以上（含30万元）的室内装饰工程，必须执行《内蒙古自治区室内装饰工程招标投标评标定标办法》规定，采取公开招标的方式发包（军事、保密工程除外）。

第十一条　室内装饰工程坚持先设计后施工的原则。设计单位对其设计质量负责。

室内装饰建设单位负责将设计图纸报市室内装饰工程质量预算检审站和公安消防部门审查，未经审查批准的，不得施工。

第十二条 室内装饰工程开工前，施工单位应当到市室内装饰工程质量预算检审站办理施工质量保证手续；建设单位应当到室内装饰工程质量预算检审站办理质量监督手续，领取施工许可证，方可开工。

第十三条 新建筑物必须经验收合格后，方可进行室内装饰施工。已鉴定为危险的房屋，不得进行室内装饰施工。

涉及建筑主体和承重结构变动的室内装饰工程，建设单位应当在施工前委托原设计单位或者具有相应资质等级的设计单位提出设计方案，没有设计方案的，不得施工。

第十四条 施工单位对室内装饰工程的施工质量负责。施工单位组织施工，应当符合以下要求：

（一）明确工程项目经理、技术和施工管理负责人；

（二）按照工程设计图纸、施工技术标准和质量规范施工；设计图纸如有变更，应报市室内装饰工程质量预算检审站和消防部门重新确认批准后方可施工；

（三）使用的材料、配件及安装的用品，应当符合设计要求，有产品合格证和质检报告；使用国家十项强制性标准范围内的室内装饰材料，必须有法定检验机构的检验合格报告；

（四）应当作好隐蔽工程和各分项工程的质量检查和记录；隐蔽工程在隐蔽前，应当通知市室内装饰工程质量预算检审站检验，合格后方可进行饰面装饰。

对施工过程中出现的质量问题要及时整改，对竣工验收不合格的工程，负责返修。

第十五条 室内装饰施工单位，应当采取必要的措施，减少施工中的粉尘、废气、噪声和振动对环境的污染和危害。

第十六条 市室内装饰工程质量预算检审站和公安消防部门必须按照中华人民共和国行业标准 QB1838-93《室内装饰工程质量规范》及国家规定的相应技术工艺质量验收规范和有关消防规范验收室内装饰工程。

室内装饰工程内部结构未经验收合格不得进行表层装饰。

第十七条 装饰工程竣工后，施工单位应当向建设单位、市室内装饰工程质量预算检审站提交工程竣工报告，建设单位应当组织设计、施工、监理单位，向市室内装饰工程质量预算检审站、公安消防部门申请工程竣工验收。

第十八条 室内装饰工程实行质量保修制度。施工单位在向建设单位提交工程报告时，应当向建设单位出具质量保修书，保修书中应明确保修范围、保修期限和保修责任等。室内装饰工程保修期限为1年。

第十九条 市室内装饰工程质量预算检审站应当按照自治区室内装饰检审机构制定的室内装饰工程定额编制预算，并具体负责室内装饰工程预、决算的审核监督工作。

第二十条 市室内装饰工程质量预算检审站及其他执法机构执法人员在进行监督检查时，必须出示行政执法证件，人数不得少于2人。有关单位和个人应当予以支持和配合，不得拒绝或阻碍。

第二十一条 违反本办法规定，由室内装饰行政主管部门依据国务院《建设工程质量管理条例》有关规定依法处理。

第二十二条 本办法由市政府室内装饰行政主管部门负责解释。

第二十三条 本办法自发布之日起施行。1996年11月6日赤峰市人民政府发布的《赤峰市室内装饰市场管理暂行办法》（赤政发〔1996〕231号）同时废止。

大同市城市房屋室内装饰
装修管理规定

大同市人民政府令

第57号

《大同市城市房屋室内装饰装修管理规定》已经2006年10月20日市人民政府第44次常务会议审议通过，自2006年11月1日起施行。

二〇〇六年十月二十日

第一条 为规范城市房屋室内装饰装修行为，保证装饰装修的安全和质量，维护公共安全和公共利益，根据《住宅室内装饰装修管理办法》等有关法律、法规和规章的规定，结合本市实际，制定本规定。

第二条 本市行政区域内的城市房屋室内装饰装修活动及其监督管理，适用本规定。

本规定所称城市房屋室内装饰装修，是指城市住宅和依法可不实行招标的或者可不申请办理施工许可证的非住宅，房屋产权人或者使用人（以下简称装修人）对房屋室内进行装饰装修的建筑活动。

第三条 城市房屋室内装饰装修管理应当坚持方便群众、市场引导、规范行为、加强监督的原则，建立配套的服务体系。

第四条 城市房屋室内装饰装修必须遵守有关法律、法规和规章，符合工程建设强制性标准，保障房屋的整体性、抗震性、耐久性和结构安全，保证工程质量和安全。

第五条 市房产行政主管部门是本市行政区域内城市房屋室内装饰装修的主管部门。

城市规划、建设、市政公用、环保、公安消防等有关部门在各自的职责范围内对城市房屋室内装饰装修活动实施监督管理。

第六条 城市房屋有下列情形之一的，不得进行装饰装修：

（一）经鉴定属危险房屋的；

（二）房屋严重损坏或者险情未经修缮加固处理的；

（三）已列入拆迁和拆除范围内的；

（四）因房屋所有权或使用权争议进入仲裁、诉讼程序的。

第七条 在装饰装修中禁止下列行为：

（一）未经原设计单位或者具有相应资质等级的设计单位提出设计方案，变动建筑主体和承重结构；

（二）未经原设计单位或者具有相应资质等级的设计单位提出设计方案，超过设计标准或规范增加楼面荷载；

（三）将没有防水要求的房间或者阳台改为卫生间、厨房间；

（四）扩大承重墙上原有的门窗尺寸，拆除连接阳台的砖、混凝土墙体；

（五）在楼面结构层上凿槽安装各类管道；

（六）损坏房屋原有节能设施，降低节能效果；

（七）其他影响建筑结构和使用安全的行为。

本规定所称建筑主体，是指建筑实体的结构构造，包括屋盖、楼盖、梁、柱、支撑、墙体、连接接点和基础等。

本规定所称承重结构，是指直接将本身自重与各种外加作用力系地传递给基础地基的主要结构构件和其连接接点，包括承重墙体、立杆、柱、框架柱、支墩、楼板、梁、屋架、悬索等。

第八条 装饰装修涉及搭建建筑物、构筑物或改变房屋外立面、在非承重外墙上开门、窗以及增设和扩宽阳台的，应当由市城市规划行政主管部门批准；拆改供暖管道、燃气管道及设施的，应当由相关管理单位批准。

第九条 城市房屋室内装饰装修施工应当遵守下列规定：

（一）变动建筑主体或承重结构或明显加重荷载的，应当在施工现场明显位置张贴房屋安全鉴定书复印件；

（二）严格按批准的方案或图纸施工，不得擅自改变设计图纸；

（三）改动卫生间、厨房间防水层的，应按照防水标准制定施工方案，并作闭水试验；

（四）使用符合国家标准的装修材料和设备；

（五）遵守施工安全操作规范，采取安全防护和消防措施，保证作业人员和相邻居民的安全；

（六）采取有效措施减轻和避免对他人造成的影响和危害；

（七）12 时至 14 时、20 时至次日 8 时不得进行产生噪声、振动的装饰装修活动；

（八）及时清运装饰装修施工产生的废弃物，不得从楼上向地面抛洒或向垃圾道、下水道倾倒；

（九）不得因装饰装修影响房屋使用安全，不得影响毗邻房屋的使用安全。

第十条 装修人在房屋室内装饰装修工程开工前，应当向物业管理企业或房屋管理机构（以下简称物业管理单位）申报登记并提交下列凭证和材料的复印件：

（一）房屋所有权证（或者证明其合法权益的有效凭证）；

（二）申请人身份证件；

（三）装饰装修方案；

（四）变动建筑主体或者承重结构的，需提交原设计单位或者具有相应资质等级的设计单位提出的设计方案；

（五）涉及本规定第八条行为的，需提交有关部门的批准文件，涉及本规定第九条第（一）、（二）、（三）项行为的，需提交设计方案或施工方案；

（六）委托装饰装修企业施工的，需提供该企业相关资质证书或上岗证书及装饰装修协议；

（七）房屋使用人装饰装修的，还需提供所有权人同意装饰装修的书面证明。

物业管理单位应当将房屋装修的禁止行为和注意事项告知装修人。

第十一条 装修人应当与物业管理单位签订房屋室内装饰装修协议。

第十二条 承揽城市房屋室内装饰装修工程的单位应取得相应的建筑业企业资质证书，并在其资质等级许可的范围内承揽工程。

第十三条 装修人可以自行组织对房屋进行室内装饰装修，也可以委托装饰装修企业对房屋进行室内装饰装修。装修人应当选择具有相应资质等级的装饰装修企业。

第十四条 委托装饰装修企业进行房屋室内装饰装修的，双方应当签订装饰装修协议。协议应当包括以下内容：

（一）当事人姓名或住所、单位名称或地址、受委托人资质证书、上岗证书；

（二）房屋的地址、面积，装饰装修项目、方式、规格，质量

要求及质量验收方式等;

（三）开工、竣工时间;

（四）装饰装修工程保修的内容、期限;

（五）工程价格、付款方式及时间;

（六）协议变更和解除的条件;

（七）违约责任及解决办法;

（八）协议的生效时间;

（九）双方认为需要明确的其他条款。

委托装饰装修企业进行房屋室内装饰装修的,装修人对装饰装修企业遵守本规定负有监督的义务。

第十五条 装修人委托装饰装修企业对房屋室内进行装饰装修的,装饰装修工程竣工后,空气质量应当符合国家有关标准。装修人可以委托有资格的检测单位对空气质量进行检测。检测不合格的,装饰装修企业应当返工,并由责任人承担相应损失。

第十六条 房屋室内装饰装修工程竣工后,装修人应当按照相关工程设计协议约定和相应的质量标准进行验收。验收合格后,装饰装修企业应当出具装饰装修质量保修书。

在正常使用条件下,装饰装修工程的最低保修期限为二年,有防水要求的厨房、卫生间和外墙面的防渗漏为五年。保修期自装饰装修工程竣工验收合格之日起计算。

第十七条 装修期间物业管理单位应当按照本规定实施管理,发现违反本规定的行为,应当予以制止或者纠正;对不听劝阻或者不予纠正的,应当及时向房产行政主管部门报告。房产行政主管部门在接到报告后,应当及时到现场检查核实,依法处理。

第十八条 违反本规定,装修人未申报登记进行城市房屋室内装饰装修活动的，由市房产行政主管部门责令改正；拒不改正的，对个人处 500 元以下的罚款，对法人或其他组织处 1000 元以下的罚款。

第十九条　违反本规定，装修人将房屋室内装饰装修工程委托给未取得资质证书的装饰装修企业的，由市房产行政主管部门责令改正；造成安全隐患的，责令采取消除措施，对个人处 500 元以下的罚款，对法人或其他组织处 1000 元以下的罚款。

第二十条　因房屋室内装饰装修活动造成相邻房屋的管道堵塞、渗漏水、停水停电、物品毁坏等，装修人应当负责修复和赔偿；属于装饰装修企业责任的，装修人可以向装饰装修企业追偿。

装修人擅自拆改供暖、燃气管道和设施造成损失的，由装修人负责赔偿。

第二十一条　装修人因房屋室内装饰装修活动侵占公共空间，对公共部位和设施造成损害的，由房产行政主管部门责令改正；造成损失的，依法承担赔偿责任。

第二十二条　装饰装修企业自行采购或者向装修人推荐使用不符合国家标准的装饰装修材料，造成空气污染超标的，由房产行政主管部门责令改正；造成损失的，依法承担赔偿责任。

第二十三条　违反本规定，有下列行为之一的，由市房产行政主管部门责令改正，并处罚款；造成损失的，依法承担赔偿责任：

（一）未经原设计单位或者具有相应资质等级的设计单位提出设计方案，擅自超过设计标准或者规范增加楼面荷载的，对装修人处 500 元以上 1000 元以下的罚款，对装饰装修企业处 1000 元以上 1 万元以下的罚款；严重损害房屋承重结构、抗震结构和破坏房屋外貌的,对装修人处 1000 元以上 1 万元以下的罚款,对装饰装修企业处 3000 元以上 3 万元以下的罚款。

(二)扩大承重墙上原有的门窗尺寸的,或者将没有防水要求的房间或者阳台改为卫生间、厨房间的,或者拆除连接阳台的砖、混凝土墙体的,对装修人处 500 元以上 1000 元以下的罚款,对装饰装修企业处 1000 元以上 1 万元以下的罚款。

(三)损坏房屋原有节能设施、降低节能效果的,对委托的装饰装修企业处 1000 元以上 5000 元以下的罚款。

(四)在楼面结构层上凿槽安装各类管道的,对装修人处 500 元以下的罚款。

第二十四条 违反本规定,对未经城市规划行政主管部门批准搭建建筑物、构筑物,改变房屋外立面,在非承重外墙上开门、窗,增设和扩宽阳台的,由城市规划行政主管部门依法处罚。

第二十五条 装修人或者装饰装修企业违反《建设工程质量管理条例》的,由建设行政主管部门按照有关规定处罚。

装饰装修企业违反国家有关安全生产规定和安全生产技术规程,不按照规定采取必要的安全防护和消防措施,擅自动用明火作业和进行焊接作业的,或者对建筑安全事故隐患不采取措施予以消除的,由建设行政主管部门依法处罚。

第二十六条 物业管理单位发现装修人或者装饰装修企业有违反本规定的行为不及时报告,由市房产行政主管部门给予警告,处 100 元以上 1000 元以下的罚款。

第二十七条 对拒不停止损害房屋结构、设施的装修行为,可能影响公共安全的,由市房产行政主管部门予以制止,采取必要措施消除或减小危害,所发生费用由装修人承担。

对装饰装修造成人员伤亡或财产损失的，依法予以赔偿；构成犯罪的，依法追究刑事责任。

第二十八条 城市房屋竣工验收合格前的装饰装修工程管理，按照《建设工程质量管理条例》执行。

第二十九条 县人民政府房产行政主管部门负责本行政区域内的城市房屋室内装饰装修的管理工作。

第三十条 城市房屋装饰装修行政管理部门及其工作人员，必须加强管理，公正执法。对滥用职权、玩忽职守、徇私舞弊，损害公民、法人或者其他组织合法权益的，依法给予行政处分；构成犯罪的，依法追究刑事责任。

第三十一条 本规定自 2006 年 11 月 1 日起施行，原市建设委员会、市房产管理局《大同市家庭居室装饰装修管理暂行办法》（同建发〔2000〕第 174 号）同时废止。

西安市建筑装饰装修条例

（2012年8月29日西安市第十五届人民代表大会常务
委员会第三次会议通过；2012年9月27日陕西省第十一
届人民代表大会常务委员会第三十一次会议批准）

第一章 总 则

第一条 为了规范建筑装饰装修行为，加强建筑装饰装修行业管理，保障建筑装饰装修工程质量和安全，维护当事人的合法权益，根据《中华人民共和国建筑法》《陕西省建设工程质量和安全生产管理条例》等法律、法规，结合本市实际，制定本条例。

第二条 本市行政区域内从事建筑装饰装修活动，实施对建筑装饰装修活动的监督管理，应当遵守本条例。

法律、法规对古建筑、重要近现代建筑、军事管理区建筑的装饰装修另有规定的，从其规定。

第三条 本条例所称建筑装饰装修，是指使用装饰装修材料对建筑物、构筑物外表和内部进行修饰处理的工程建筑活动，包括公共建筑装饰装修和住宅装饰装修。

第四条 市建设行政管理部门是本市建筑装饰装修的行政主管部门，负责本市建筑装饰装修活动的监督管理。市建筑装饰业管理机构具体负责日常管理工作。

阎良区、临潼区、长安区、蓝田县、户县、周至县、高陵县的建设行政管理部门负责辖区内建筑装饰装修活动的监督管理。

规划、环保、房管、工商、质监、安监、消防、城管执法等有关部门，按照各自职责做好建筑装饰装修相关管理工作。

第五条 建筑装饰装修活动应当坚持文明施工、质量合格、安全实用、节能环保的原则，不得损害社会公共利益和他人的合法权益。

第六条 建筑装饰装修设计、施工应当保证建筑物、构筑物的整体性、抗震性和结构安全。

第七条 市建设行政管理部门应当加强对装饰装修行业协会的指导，推进行业自律。

装饰装修行业协会应当充分发挥行业协会的作用，开展行业服务，规范行业行为，推动装饰装修行业健康发展。

第二章 一般规定

第八条 从事建筑装饰装修设计、施工、监理活动的企业应当具备下列条件：

（一）具有独立的法人资格和相应的注册资本；

（二）取得建设行政管理部门颁发的资质证书，并在资质等级许可的范围内开展业务；

（三）施工企业应当依法取得安全生产许可证；

（四）具备相应数量的专业技术人员；

（五）具有从事相关设计、施工、监理活动所应有的技术装备。

第九条 从事建筑装饰装修设计、施工、监理活动的专业技术人员，应当依法取得相应的执业资格证书，并在其执业资格等级许可的范围内从事建筑装饰装修活动。

建筑装饰装修施工企业应当对作业人员进行专业技能培训。特种作业人员实行持证上岗。

第十条 注册地在本市以外的建筑装饰装修企业来本市承揽工

程的，应持相关资料向市建设行政管理部门备案，并接受工程所在地建设行政管理部门的监督管理。

第十一条 建筑装饰装修设计单位，应当按照工程建设强制性标准和空气质量要求进行设计，并对设计质量负责。

建筑装饰装修施工单位，应当按照工程设计图纸和施工技术标准施工，并对施工质量负责。

建筑装饰装修监理单位，应当依照法律、法规以及有关技术标准、设计文件和工程监理合同实施工程监理，并承担相应的监理责任。

第十二条 建筑装饰装修工程应当依法签订书面合同。

推广使用建筑装饰装修合同示范文本，合同示范文本由市建设行政管理部门会同市工商行政管理部门制定。

第十三条 建筑装饰装修工程变动建筑物、构筑物主体或者承重结构的，建设单位应当在施工前委托原设计单位或者具有相应资质等级的设计单位提出施工图设计文件，并报施工图审查机构审查，审查合格后方可施工。房屋使用者在建筑装饰装修过程中，不得擅自变动建筑主体和承重结构。

对主体结构质量不合格的新建建筑物、构筑物和存在结构安全隐患的既有建筑物、构筑物，不得进行装饰装修。

第十四条 施工企业应当依照有关安全生产法律、法规的规定，严格企业安全生产管理，制定安全事故应急预案，落实生产安全作业措施，确保装饰装修施工安全。

第十五条 建筑装饰装修工程的施工应当遵守下列规定：

（一）不得随意拆除、破坏建筑物的承重墙体、梁、板、墩、柱等结构或者超标准加大建筑物荷载；

（二）需要拆改室内供暖、燃气管道的，应当征得供暖、燃气管理机构同意；

（三）需要改动防水层的，应当按照防水标准进行施工，并做闭水试验；

（四）禁止在 12 时至 14 时、20 时至次日 7 时之间及高考、中考期间进行产生噪声、振动的建筑装饰装修作业；

（五）遵守施工安全操作规范，保证作业人员及相邻人的人身和财产安全；

（六）建筑装饰装修产生的各种废弃物，应当与生活垃圾相区分，并依照相关法规规定堆放、清运。

第十六条 鼓励施工企业为进入施工现场的人员购买意外伤害保险。意外伤害保险期限自工程开工之日起至竣工验收合格止。

第十七条 建筑装饰装修工程实行质量保修制度。施工单位应当出具质量保修书，正常使用条件下，建筑装饰装修工程的最低保修期限为二年，有防水要求的卫生间、房间和外墙面的防渗漏最低保修期限为五年。

在不低于前款规定的最低保修期限前提下，合同另有约定的，按约定执行。

建筑装饰装修工程的保修期自竣工验收合格之日起计算。

保修期内发生质量问题的，施工单位应当履行保修义务，并对造成的损失承担赔偿责任。

第十八条 建筑装饰装修企业资质实行考核制度，考核结果记入企业信用档案，作为企业资质升级、降级或者吊销的依据。企业信用信息应向社会公示，为社会公众提供信息查询服务。

第三章　公共建筑装饰装修

第十九条 工程投资额在三十万元以上或者建筑面积在三百平

方米以上的建设单位直接发包的公共建筑装饰装修工程，建设单位应持相关资料到建设行政管理部门申请领取施工许可证。未取得施工许可证的公共建筑装饰装修工程，不得开工。

前款规定以外的公共建筑装饰装修工程，建设单位应当在开工后三十日内将工程相关资料报建设行政管理部门备案。

第二十条 建设单位申请领取施工许可证，应当提供下列资料：

（一）建筑装饰装修工程施工许可证申请表；

（二）建筑装饰装修工程质量安全监督申报书；

（三）施工合同；

（四）具有相应资质条件施工企业的相关资料；

（五）满足施工需要的图纸及技术资料；

（六）保证工程质量和安全的具体方案；

（七）按照规定应当委托监理的工程已委托监理的相关资料；

（八）建筑装饰工程场地使用相关证明；

（九）法律、法规规定应当提供的其他资料。

法律、法规规定需经公安机关消防机构、规划等行政管理部门审核批准的公共建筑装饰装修工程，建设单位应当办理相关手续。

第二十一条 建设行政管理部门收到建设单位报送的资料后，对于符合条件的，应当自收到申请之日起十五日内颁发施工许可证；对于证明文件不齐全或者失效的，应当要求建设单位限期补正；对于不符合条件的，应当自收到申请之日起十五日内书面通知建设单位，并说明理由。

第二十二条 建设单位应当自领取施工许可证之日起三个月内开工。因故不能按期开工的，应当在期满前向发证机关申请延期；

延期以两次为限，每次不超过三个月。既不开工又不申请延期或者超过延期时限的，施工许可证自行废止。

第二十三条　建设单位在领取施工许可证前，应当办理工程质量安全监督手续。

第二十四条　公共建筑装饰装修工程应当发包给具有相应资质等级的建筑装饰装修企业。

第二十五条　建筑装饰装修施工企业应当在施工现场设立公示牌，公示企业名称、施工负责人姓名、联系方式、开工与竣工日期和建设行政管理部门的投诉电话。

第二十六条　涉及社会公共利益、公众安全的公共建筑装饰装修工程应当实行工程监理。

第二十七条　公共建筑室内装饰装修工程竣工验收前，建设单位应当委托具有民用建筑工程室内环境污染检测资质的检测机构对室内环境质量进行检测，检测合格后方可组织竣工验收。

受委托的检测机构，应当对检测结果负责。

第二十八条　公共建筑装饰装修工程竣工验收由建设单位组织。建设单位应当自收到公共建筑装饰装修工程竣工报告之日起二十日内组织设计、施工、监理等单位进行验收。工程经验收合格的，方可交付使用。

法律、法规规定，需经消防验收的，还应当报公安机关消防机构验收。

第二十九条　公共建筑装饰装修工程经竣工验收合格后，建设单位应当在十五日内将竣工验收相关资料报建设行政管理部门备案。

第三十条　城市道路两侧和重要区域的建筑物、构筑物外立面装饰装修，应当符合城市规划要求，并遵守城市市容和环境卫生管理的相关规定。

第四章 住宅装饰装修

第三十一条 市建设行政管理部门应当对从事住宅装饰装修企业的资质进行核实，汇编住宅装饰装修企业名录。

市建设行政管理部门应当定期公布住宅装饰装修企业名录。

第三十二条 提倡居民选择具有相应资质、进入住宅装饰装修企业名录的企业承接住宅装饰装修。

居民对住宅自行装饰装修的，提倡选择持有上岗证书的施工作业人员进行施工。

第三十三条 居民对住宅进行装饰装修前，应当到物业服务企业或者居民委员会进行登记；物业服务企业或者居民委员会应当将有关房屋装饰装修、房屋安全、电梯使用、建筑垃圾处置等有关管理规定告知居民和施工方。

第三十四条 居民对住宅进行装饰装修，需要住宅的建设单位、物业服务企业或者其他管理人提供住宅电气及其他管线线路图的，相关单位、企业应当予以配合。

第三十五条 从事住宅装饰装修活动，不得侵占公共空间，不得损害共用部位、公用设施设备。

住宅装饰装修活动造成共用部位、共用设施设备损坏或者相邻人的墙体损坏、管道堵塞、渗漏水、停水停电、物品毁坏等，居民应当及时修复；造成损失的，依法予以赔偿。属施工方责任的，居民先行赔偿后有权向其追偿。

第三十六条 物业服务企业或者其他管理人发现住宅装饰装修活动有违反本条例规定行为的，应当予以劝阻、制止；劝阻、制止无效的，应当报告有关部门。有关部门接到报告后，应当及时到现场检查核实并依法予以处理。

第三十七条 物业服务企业在住宅装饰装修管理活动中，不得有下列行为：

（一）指派装饰装修企业或者限制其他装饰装修企业及施工作业人员进入本物业管理区域；

（二）强行推销装饰装修材料或者限制居民购置的装饰装修材料进入本物业管理区域；

（三）违背居民意愿直接或者间接提供各种与装饰装修活动相关的有偿服务；

（四）违法收取费用。

第三十八条 封闭阳台以及安装空调外机、太阳能热水器、防盗网、遮阳罩等设施的，应当遵守物业管理方面的有关规定，保持社区环境的整洁、美观。

第三十九条 建筑装饰装修施工企业交付住宅装饰装修工程时，应当向居民出具住宅装饰装修工程质量保修书和各类管线竣工图。

建筑装饰装修工程承包合同对室内空气质量检测有约定的，还应当出具室内空气质量检测报告。

建筑装饰装修施工企业负责采购建筑装饰装修材料的，应当向居民交付主要材料的合格证、说明书、保修单。

第四十条 建设单位对新建住宅进行统一装饰装修的，适用公共建筑装饰装修一章规定。

第五章 建筑装饰装修材料

第四十一条 建筑装饰装修工程使用的材料应当符合国家规定的强制性标准。禁止出售、使用不符合产品质量标准和国家明令淘汰的建筑装饰装修材料。

第四十二条 鼓励采用节能、节材、节水、防火、环保的建筑装饰装修新技术、新工艺、新材料。

第四十三条 出售建筑装饰装修材料，应当向买受人明示下列资料：

（一）生产企业营业执照和注册商标；

（二）代理商的代理证明；

（三）产品执行标准；

（四）产品合格证书；

（五）产品使用说明书；

（六）法定产品质量检验机构出具的相应批次的产品质量检验报告。

第四十四条 建筑装饰装修施工企业应当使用合格的建筑装饰装修材料。公共建筑装饰装修材料使用前应当按照工程设计要求、施工技术标准和合同约定，对装饰装修材料进行检验检测。未经检验检测或者检验检测不合格的，不得使用。

第四十五条 市建设行政管理部门应当加强对用于公共建筑装饰装修工程材料的监督检查，定期向社会公布检查结果。

第六章 监督管理

第四十六条 市建设行政管理部门在建筑装饰装修管理中履行下列职责：

（一）按照有关法律、法规和政策规定，制定建筑装饰装修行业发展规划并组织实施；

（二）实施建筑装饰装修工程施工许可和竣工验收备案管理；

（三）实施建筑装饰装修资质和执业资格及企业信用管理；

（四）负责建筑装饰装修工程的质量安全管理；

（五）受理建筑装饰装修行政相对人投诉；

（六）查处建筑装饰装修活动中的违法行为。

建筑装饰业管理机构按照本条例规定行使监督管理职责，并做好建筑装饰装修管理的具体工作。

第四十七条　建设行政管理部门进行执法检查时，应当依照法定程序出示执法证件，文明、公正执法，执法人员不得少于两人。

被检查单位或者个人应当如实提供必要的资料、文件等。

第四十八条　建设行政管理部门应当建立建筑装饰装修工程质量、安全监督管理的协调机制，与相关管理部门加强配合，共同做好建筑装饰装修工程质量安全管理工作。

第四十九条　建筑装饰装修活动中发生争议的，可以通过下列途径解决：

（一）双方协商；

（二）向装饰装修行业协会申请调解；

（三）合同中有仲裁约定的，按约定申请仲裁；

（四）向人民法院提起诉讼。

第五十条　建设行政管理部门应当建立投诉处理制度。接到当事人的书面投诉后，应当调查处理，十五日内答复投诉人；对属于其他部门处理的，应当在五个工作日内转交有关部门处理，并告知投诉人。

第七章　法律责任

第五十一条　违反本条例第八条第（二）项规定，未取得资质证书或者超越资质等级从事建筑装饰装修活动的，由建设行政管理部门责令停止违法行为，限期改正，没收违法所得，处五千元以上五万元以下罚款。对超越资质等级的，可以暂扣或吊销资质证书。

第五十二条 违反本条例第十三条第一款规定，变动建筑物、构筑物主体或者承重结构，施工图设计文件未经施工图审查机构审查合格擅自施工的，由建设行政管理部门责令改正，对建设单位处五十万元以上一百万元以下罚款；房屋建筑使用者在建筑装饰装修过程中擅自变动房屋建筑主体和承重结构的，由建设行政管理部门责令改正，处五万元以上十万元以下罚款。

违反本条例第十三条第二款规定，对主体结构质量不合格的新建建筑物、构筑物或者存在结构安全隐患的既有建筑物、构筑物进行装饰装修的，由建设行政管理部门责令改正；拒不改正的，对建设单位可处一万元以上三万元以下罚款。

第五十三条 违反本条例第十五条第（一）项规定，危害房屋结构安全的，由房屋行政管理部门依法处理。

违反本条例第十五条第（二）项规定，未经燃气管理机构同意，擅自拆改室内燃气管道的，由市政行政管理部门责令改正，处五百元以上一千元以下罚款。

违反本条例第十五条第（三）项规定，建筑装饰装修施工单位未按照防水标准进行施工，并做闭水试验的，由建设行政管理部门责令改正，处一千元以上五千元以下罚款。

违反本条例第十五条第（四）项规定，在禁止时段进行产生噪声、振动的建筑装饰装修作业的，由环境保护行政管理部门责令改正，处五百元以上二千元以下罚款。

第五十四条 违反本条例第十七条规定，施工单位不履行保修义务或者拖延履行保修义务的，由建设行政管理部门责令改正，处十万元以上二十万元以下罚款。

第五十五条　违反本条例第十九条第一款规定，未取得施工许可证擅自施工的，由建设行政管理部门责令停工，没收违法所得，可以并处工程造价百分之一以上百分之三以下罚款。

第五十六条　违反本条例第二十七条第一款规定，建设单位对公共建筑室内装饰装修工程未进行室内环境质量检测的，由建设行政管理部门责令限期改正；逾期不改正的，对建设单位可处五千元以上三万元以下罚款。

第五十七条　违反本条例第二十八条第一款规定，建设单位对公共建筑装饰装修工程未组织竣工验收或者验收不合格交付使用的，由建设行政管理部门责令改正，处工程合同价款百分之二以上百分之四以下罚款。

第五十八条　违反本条例第三十七条规定，物业服务企业在住宅装饰装修管理活动中实施相关禁止行为的，由房屋行政管理部门责令限期改正；逾期不改正的，处五千元以上二万元以下罚款；有违法所得的，没收违法所得。

第五十九条　违反本条例第三十九条规定，建筑装饰装修施工企业交付住宅装饰装修工程时，未向居民出具住宅装饰装修工程质量保修书、各类管线竣工图、室内空气质量检测报告及主要材料的合格证、说明书、保修单的，由建设行政管理部门责令限期改正；逾期不改正的，处五百元以上二千元以下罚款。

第六十条　违反本条例第四十一条、第四十四条规定，施工单位使用不合格的建筑装饰装修材料的，或者建设单位强令施工单位使用不合格的建筑装饰装修材料的，由建设行政管理部门责令改正，处工程合同价款百分之二以上百分之四以下罚款。

第六十一条　对单位处三万元以上罚款，对个人处二千元以上罚款的，应当告知当事人有要求举行听证的权利。

第六十二条 违反本条例规定的其他行为，法律、法规另有规定的，从其规定。

第六十三条 建筑装饰装修活动造成相邻人、其他人财产损失或者人身伤害的，应当依法承担民事责任；构成犯罪的，依法追究刑事责任。

第六十四条 当事人对行政处罚决定不服的，可以依法申请行政复议或者提起行政诉讼。

第六十五条 建设等有关行政管理部门工作人员，在建筑装饰装修管理活动中滥用职权、玩忽职守、徇私舞弊的，依法给予行政处分；构成犯罪的，依法追究刑事责任。

第八章 附 则

第六十六条 本条例自 2012 年 12 月 1 日起施行。2006 年 5 月 1 日施行的《西安市室内装饰管理条例》同时废止。

益阳市室内装饰行业管理办法

益阳市人民政府办公室关于印发

《益阳市室内装饰行业管理办法》的通知

益政办发〔2013〕5号

各区县（市）人民政府，大通湖区管委会，市人民政府各局委、各直属机构：

　　《益阳市室内装饰行业管理办法》已经市人民政府同意，现印发给你们，请遵照执行。

益阳市人民政府办公室

2013年1月21日

　　第一条　为了加强室内装饰行业管理，维护室内装饰市场秩序，保障室内装饰工程质量和安全，促进室内装饰行业健康发展，根据有关法律法规，结合本市实际，制定本办法。

　　第二条　在本市行政区域内从事室内装饰装修活动和监督管理的建设、设计、施工的单位和个人，均应遵守本办法。军事设施及其它特殊工程的室内装饰，按有关规定执行。

　　第三条　本办法所称室内装饰是指运用物质技术和艺术手段，对公共建筑和家庭居室的内部空间进行环境艺术设计、室内六面装饰装修工程设计与施工等活动。

　　第四条　室内装饰应当坚持质量第一，确保安全、美观实用和节能节材、环境友好的原则。

第五条　室内装饰行政主管部门负责本行政区域内室内装饰活动的监督管理工作。

室内装饰行业协会按照有关规定承担室内装饰企业的资质认证、审查工作，督促设计、施工企业诚信经营，加强对室内装饰行业的自律管理。

第六条　各级经信、发改、财政、规划、住建、房管、工商、质监、公安、消防、安监、人社、环保等部门，依照国家有关法律法规和本办法的规定，做好相关的监督管理和协调工作。

第七条　从事室内装饰设计、施工的单位和企业，应依法取得室内装饰资质证书，并办理营业执照和税务登记手续。未取得室内装饰资质证书、营业执照和税务登记手续的，不得从事室内装饰设计与施工活动。

第八条　室内装饰企业承揽设计、施工应当具备下列条件：

（一）具备独立的法人资格，有固定的营业场所和相应的资金；

（二）有从事室内装饰活动相关的专业技术人员、装备和管理人员；

（三）有健全的经营管理制度和会计制度。

第九条　室内装饰企业、设计单位应当对其从业人员进行岗位培训，经培训合格后方可上岗。

第十条　室内装饰设计、施工单位必须按照核定的营业范围和资质等级承揽工程，执行国家和省、市有关室内装饰定额预算和设计收费标准。

第十一条　室内装饰企业从事公共场所装饰工程，在工程开工前，应将设计图纸和资料报公安消防机构审核或备案。工程竣工后，须经公安消防机构验收合格后，方可交付使用。

第十二条　公共场所室内装饰工程应当按照国家有关规定，委托室内装饰工程监理机构实施全程监理。

第十三条 市外单位来本市从事室内装饰工程设计、施工的，必须持有企业法人营业执照、税务登记证书、室内装饰资质等级认证书，到工程所在地的税务机关、室内装饰行业协会登记备案，接受监督和管理。

第十四条 室内装饰工程竣工后，室内空气质量应当符合国家有关标准。装修人可以委托有资格的检测单位对室内空气质量进行检测。检测不合格的，室内装饰工程不得交付使用。

第十五条 室内装饰产生的各种废弃物，应当按照物业管理单位及其他有关部门指定的位置、方式和时间进行堆放及清运。

第十六条 室内装饰企业和个人从事装饰活动，应当遵守施工安全操作规程，按照规定采取必要的安全防护和消防措施，不得擅自用明火和进行焊接作业，保证作业人员和周围住户及财产的安全。室内装饰企业应当为施工人员的操作安全购买人身意外事故保险。

第十七条 装修人和装饰企业从事住宅室内装饰活动，不得侵占公共空间，不得损害公共部位和设施。

第十八条 本市机关、事业单位、国有企业（含国家控股的股份制企业）及社会团体投资的新建、改建的室内装饰装修工程，造价在30万元以上的施工项目、费用在30万元以上的监理和设计项目，必须依法进行招投标。

第十九条 室内装饰设计、施工必须保证建筑物结构安全。对建筑物主体和承重结构变动的装饰工程，应当在施工前委托原设计单位或者具有相应资质条件的设计单位提出设计方案，没有设计方案的，不得施工。已鉴定为危险建筑物的，不得进行室内装饰施工。

房管部门应加强对涉及建筑主体和承重结构变动的装修工程监管。

第二十条 在住宅区内从事住宅室内装饰施工的从业人员，必须遵守住宅区的施工时间，降低施工噪音，减少环境污染。

第二十一条 室内装饰工程实行保修制度，保修期为两年，自工程竣工验收之日起计算。保修期内，施工单位免费负责维修。非因施工单位责任造成的损毁，施工单位维修时可收取一定的费用。

第二十二条 室内装饰设计、施工企业必须规范经营，不得涂改、转借、出卖、伪造或骗取有关证照，禁止销售、使用违反国家有关有害物质限量标准规定的装饰装修材料。

第二十三条 有下列行为之一的，由室内装饰行业主管部门会同有关部门依法进行处罚：

（一）未取得企业设计资质或施工资质以及从业人员资格证书的单位和个人承揽工程的；

（二）未按规定进行招投标的；

（三）未经公安消防部门审核进行室内装饰施工的；

（四）涉及建筑主体或承重结构变动的室内装饰工程擅自施工的；

（五）在已鉴定为危房的房屋内进行装饰施工的；

（六）在室内装饰施工中违反环境保护有关规定的。

第二十四条 室内装饰企业有下列行为之一的，由室内装饰行业协会依照《全国室内装饰企业资质管理办法》，视其情节轻重，给予警告、降低资质等级、撤销资质、公告违规行为的处罚：

（一）未在规定的期限内办理资质变更备案手续、年检手续的；

（二）涂改、出借、转让资质等级证书的；

（三）伪造资质等级证书，承揽室内装饰工程设计、施工的。

第二十五条 室内装饰行业行政主管部门工作人员滥用职权、玩忽职守、徇私舞弊的，由行政主管部门或监察机关给予行政处分；构成犯罪的，移送司法机关依法追究刑事责任。

第二十六条 对扰乱室内装饰市场秩序，妨碍室内装饰行业管理机构工作人员依法执行公务的，由公安机关依法予以处罚；构成犯罪的，由司法机关依法追究其刑事责任。

第二十七条 本办法自发布之日起施行。

漳州市住宅室内装饰装修管理规定

漳州市人民政府关于印发

《漳州市住宅室内装饰装修管理规定》的通知

漳政综〔2008〕153号

各县（市、区）人民政府，漳州、常山开发区管委会，市直各单位：

《漳州市住宅室内装饰装修管理规定》已经市政府研究同意，现予印发，请遵照执行。

漳州市人民政府

二〇〇八年九月四日

第一条 为了加强漳州市住宅室内装饰装修管理，确保住宅室内装饰装修工程质量和安全，维护公共安全和公共利益，促进漳州市家装行业可持续发展，根据《物业管理条例》、《住宅室内装饰装修管理办法》、《福建省建筑装修管理暂行办法》等相关法律、法规和规章的规定，结合本市实际，制定本规定。

第二条 住宅室内装饰装修应当保证工程质量和安全，符合工程建设强制性标准。

第三条 县级人民政府建设行政主管部门负责对本行政区域内的建筑装修活动实施监督管理。

第四条 在装修活动中，禁止下列行为：

（一）未经原设计单位或者具有相关资质等级的设计单位提出

设计方案，擅自变动建筑主体和承重结构；

（二）将没有防水要求的房间或者阳台改为卫生间，厨房间；

（三）扩大承重墙上原有的门窗尺寸，拆除连接阳台的砖、混凝土墙体；

（四）损坏房屋原有节能设施，降低节能效果；

（五）拆除与消防安全有关的建筑设施或者建筑构件；

（六）影响建筑结构安全或者使用安全的其他行为。

第五条 业主或者住宅使用人（以下简称装修人）从事住宅室内装饰装修活动，未经批准，不得有下列行为：

（一）搭建建筑物，构筑物；

（二）改变住宅外立面，在非承重外墙上开门、窗；

（三）拆改燃气管道和设施。

本条所列第（一）项、第（二）项行为，应当经城市规划行政主管部门批准；第（三）项行为应当经燃气管理单位批准。

第六条 住宅室内装饰装修超过设计标准或者规范增加楼面负荷的，应当经原设计单位或者具有相应资质等级的设计单位提出设计方案。

改动卫生间、厨房间防水层的，应当按照防水标准进行施工，并做闭水试验。

装修活动涉及以上两款规定内容的，必须委托具有相应资质的装饰装修企业承担。

第七条 装饰装修企业或装饰装修承包人必须按照工程建设强制性标准和其他技术标准施工，不得偷工减料，确保装饰装修工程质量。

第八条 装饰装修企业或装饰装修承包人从事住宅室内装饰装修活动，应当遵守施工安全操作规程，按照规定采取必要的安全防护和消防措施，不得擅自动用明火和进行焊接作业，保证作业人员和周围住房及财产的安全。

第九条 住宅室内装饰装修活动不得侵占公共空间，不得损害公共部位和设施。

第十条 建设行政主管部门或者建筑装修行业协会应当建立装修单位信用档案，开展信用等级评定，并将评定情况及时向社会公布。

第十一条 装修人在住宅室内装饰装修工程开工前，应当向物业管理企业或者房屋管理机构申报登记。

第十二条 装修人，或者装修人和装修企业，应当与物业管理企业或者房屋管理机构签订住宅室内装饰装修管理服务协议。

第十三条 承接住宅室内装饰装修工程的装饰装修企业，必须经建设行政主管部门资质审查，取得相应的建筑业企业资质证书，并在其资质等级许可的范围内承揽工程。

第十四条 装修人委托企业承接其装饰装修工程的，应当选择具有相应资质等级的装饰装修企业或相应从业资格的承包人、建造师。

第十五条 装修人与装饰装修企业或装饰装修承包人应当签订住宅室内装饰装修书面合同，明确双方的权利和义务。

第十六条 住宅室内装饰装修工程竣工后，室内空气质量应当符合《民用建筑工程室内环境污染控制规范》（GB 50325-2001）的标准。装修人可以委托有资质的检测单位对空气质量进行检测。检测不合格的，装饰装修企业应当返工，并由责任人承担相应损失。

第十七条 住宅室内装饰装修工程竣工后，住宅室内装饰装修企业或装饰装修承包人必须会同装修人按双方合同约定和相应质量标准进行验收，验收合格经双方签字认可后，装饰装修企业向装修人出具质量保修书。

第十八条　在正常使用条件下，住宅室内装饰装修工程的最低保修期限为二年，有防水要求的厨房、卫生间和外墙面的防渗漏最低保修期限为五年。保修期自住宅室内装饰装修工程竣工验收合格之日起计算。

第十九条　住宅室内装饰装修活动有下列行为之一的，由城市房地产行政主管部门责令改正，并处罚款：

（一）将没有防水要求的房间或者阳台改为卫生间、厨房间的，或者拆除连接阳台的砖、混凝土墙体的，对装修人处5百元以上1千元以下的罚款，对装饰装修企业处1千元以上1万元以下的罚款；

（二）损坏房屋原有节能设施或者降低节能效果的，对装饰装修企业处1千元以上5千元以下的罚款；

（三）未经原设计单位或者具有相应资质等级的设计单位提出设计方案，擅自超过设计标准或者规范增加楼面荷载的，对装修人处5百元以上1千元以下的罚款，对装饰装修企业处1千元以上1万元以下的罚款。

第二十条　改动卫生间、厨房间防水层的，未按照防水标准进行施工或者做闭水试验的，由建设行政主管部门责令改正，对建筑装修施工单位处以1千元以上5千元以下的罚款。

第二十一条　装饰装修企业违反国家有关安全生产规定和安全生产技术规程，不按照规定采取必要的安全防护和消防措施，擅自动用明火作业和进行焊接作业的，或者对建筑安全事故隐患不采取措施予以消除的，由建设行政主管部门责令改正，并处1千元以上1万元以下的罚款；情节严重的，责令停业整顿，并处1万元以上3万元以下的罚款；造成重大安全事故的，降低资质等级或者吊销资质证书。

第二十二条 装修人因住宅室内装饰装修活动侵占公共空间,对公共部位和设施造成损害的,由城市房地产行政主管部门责令改正,造成损失的,依法承担赔偿责任。

第二十三条 装修人未申报登记进行住宅室内装饰装修活动的,由城市房地产行政主管部门责令改正,处 5 百元以上 1 千元以下的罚款。

第二十四条 装修人违反规定,将住宅室内装饰装修工程委托给不具有相应资质等级企业的,由城市房地产行政主管部门责令改正,处 5 百元以上 1 千元以下的罚款。

第二十五条 对违反本规定的行为,法律、法规已有处罚规定的,从其规定。

第二十六条 装修人委托漳州市室内装饰装修管理监督站进行住宅室内装饰装修工程质量监督管理的,装修工程质量监督收费由漳州市室内装饰装修管理监督站按市物价局批准规定收取。

第二十七条 为了确保住宅室内装饰装修工程安全质量,漳州市室内装饰装修管理监督站应提供有效服务。

(一)协调处理住宅装修业主与装饰装修企业或装饰装修承包人在装饰装修过程中的矛盾和问题;

(二)为业主提供住宅室内装饰装修工程安全、质量等相关知识的咨询服务;

(三)认真受理、反馈业主投诉,切实维护消费者合法权益,设立热线电话。

第二十八条 有关部门的工作人员在装饰装修工程质量监督管理中,应自觉接受监督,不得利用职便谋取私利,违者按有关规定处理,情节严重的依法追究法律责任。

第二十九条 本规定自 2008 年 10 月 1 日起实施。

克拉玛依市住宅室内装饰
装修管理暂行规定

关于印发《克拉玛依市住宅室内装饰装修
管理暂行规定》的通知

各区人民政府、市政府各委、办、局，各有关单位：

《克拉玛依市住宅室内装饰装修管理暂行规定》已经市人民政府第二十四次常务会议研究通过，现印发给你们，请认真遵照执行。

二〇〇三年十二月五日

第一条 为加强住宅室内装饰装修管理，保证装饰装修工程质量和安全，保障公民的合法权益，根据《建设工程质量管理条例》、建设部《住宅室内装饰装修管理办法》及有关法律、法规和政策，结合我市实际，制定本规定。

第二条 在克拉玛依市城市内的一切从事住宅室内装饰装修活动的装修人、设计单位、施工单位、以及对装饰装修进行管理的行政管理部门和物业管理单位，均应遵守本规定。

第三条 本规定所称施工单位，是指接受装修人委托对住宅进行室内装饰装修施工、具备相应资质或资格的建筑企业和个体经营者。

本规定所称物业管理单位，是指管理居民小区的物业公司或承担相应职责的组织。

第四条　住宅室内的装饰装修必须符合规划、环保、环境卫生、消防和公共安全的要求。

从事住宅室内装饰装修活动，必须遵守法律、法规和规章，严格按照施工规程进行，不得妨碍或损害社会公共利益和他人的合法权益。

任何单位和个人不得干涉依法进行的住宅室内装饰装修活动。

第五条　建设（房产）行政管理部门对住宅室内装饰装修工程，应当依法履行监督检查职责，并有权采取以下措施：

（一）要求被检查的对象提供有关工程质量的文件和资料。

（二）进入被检查的施工现场进行检查。

（三）发现有影响工程质量的问题，责令改正。

（四）对违法的装饰装修行为，依法实施行政处罚。

第六条　市建设（房产）行政管理部门负责审核施工单位的行业准入资格，指导、协调家庭装饰装修行业协会依法开展行业自律工作；会同市劳动和社会保障、工商行政管理部门在各自的职权范围内做好施工单位技术人员的培训、劳动技能鉴定、职业资格证书和《营业执照》的核发、管理工作。

区建设（房产）行政管理部门负责住宅室内装饰装修活动的管理工作，加强与行业协会的沟通，指导、协调物业管理单位开展对住宅室内装饰装修活动的各项管理工作。

规划、环保、环卫等有关行政管理部门依照本规定，在各自的职权范围内配合做好住宅室内装饰装修的相关管理工作。

第七条　家庭装饰装修行业协会应当严格执行本行业管理规范，加强行业自律，积极开展行业法律法规和政策的宣传和信息交流，协助行政主管部门对装饰装修活动纠纷进行调解。

家庭装饰装修行业协会发现施工单位及其技术人员有违反法律

或本规定的装饰装修行为，应当及时报有权机关依法处理。

第八条 施工单位应当取得建设行政主管部门核发的《建筑企业资质证》或建设行业准入证明，并持有工商行政主管部门核发的《营业执照》。

施工单位的技术人员，应当参加有关行政管理部门组织的岗前培训和劳动技能鉴定，取得《建设劳务资格证书》或建设行业的《职业资格证书》。

未取得前两款规定的证书的，不得从事住宅室内装饰装修活动。

第九条 根据《住宅室内装饰装修管理办法》第五条规定，禁止装修人或施工单位实施下列行为：

（一）未经原设计单位或具备相应资质等级的设计单位提出设计方案，变动建筑主体和承重结构；

（二）将没有防水要求的房间或者阳台改为卫生间、厨房间；

（三）扩大承重墙上原有的门窗尺寸，拆除连接阳台的砖、混凝土墙体；

（四）损坏房屋原有节能设施、降低节能效果；

（五）改动系统公用设施等其他影响建筑结构和使用安全的行为。

第十条 装修人或施工单位从事下列行为，应当经过批准：

（一）经原设计单位或具备相应资质的设计单位提出设计方案、变动建筑主体和承重结构，应经规划行政管理部门批准；

（二）搭建建筑物、构筑物，或改变住宅外立面，在非承重外墙上开门、窗，应经规划行政管理部门批准；

（三）拆改供暖管道和设施，扩大供热负荷，应经供暖管理单位批准；

（四）拆改燃气管道和设施，应经燃气管理单位批准。

第十一条　装修人或施工单位从事下列行为，应当由原设计单位或具备相应资质等级的设计单位提出设计方案：

（一）变动建筑主体和承重结构；

（二）超过设计标准或者规范增加楼面荷载。

第十二条　本规定第十条、第十一条规定的装饰装修活动以及改动卫生间、厨房间防水层，必须委托具有相应资质等级的施工单位承担。

施工单位应当严格按照建筑工程质量规范和水、电、暖等设计、安装规范施工。

第十三条　禁止私自开关停水连头。装饰装修活动中确需停水方能进行施工的，应当向供水管理单位申报，由供水管理单位指派人员进行停水操作。

第十四条　禁止私自变动电气保护装置和入户计量装置。确需变动电气保护装置和入户计量装置的，应当向供电管理部门申报，由供电管理部门指派人员进行施工。

第十五条　禁止私自移动有线电视信号传输线路和器件箱。确需移动信号传输线路和器件箱的，应依法报广播电视行政管理部门批准，并由广播电视专业人员施工。

用户移动室内终端盒的，可以委托广播电视专业安装单位进行施工。

第十六条　装修人或施工单位应当保护好各公用系统设施，施工过程中对系统设施进行隐蔽的，应当方便检查、维修、养护和计量数据的抄录。

住宅室内装饰装修活动违反前款规定的，各公用系统设施维护单位在进行必要的检查、维修、养护和抄录数据时，对相应部位造成损失不负任何责任。

第十七条 装修人或施工单位在装修过程中，不得侵占公共空间，不得损坏公共部位和设施。确需临时占用公共空间的，应告知物业管理单位，并不得妨碍正常通行，影响他人生活。

装修人的装修活动侵害邻里合法权益的，应自觉排除妨碍，恢复原状；造成相邻住宅财产损失的，应予赔偿。

第十八条 装修人在住宅室内装饰装修工程开工前，应当向物业管理单位申报登记，并提交下列材料：

（一）房屋所有权证明或产权人同意装饰装修的书面证明；

（二）申请人身份证明；

（三）装饰装修方案；

（四）所选择的施工单位的资质证明或资格证明的复印件。

涉及本规定第十条规定的装饰装修活动，应当提交有权单位批准文件的复印件。

涉及本规定第十一条规定的装饰装修活动，还应当提交原设计单位或具备相应资质等级的设计单位提出的设计方案复印件。

第十九条 本规定第十条、第十一条规定的装饰装修活动，装修人或施工单位应当与物业管理单位签订住宅室内装饰装修管理服务协议。协议应当包含以下内容：

（一）装饰装修工程的实施内容；

（二）装饰装修工程的实施期限；

（三）允许施工的时间；

（四）住宅外立面设施及防盗窗的安装要求；

（五）禁止行为和注意事项；

（六）违约责任；

（七）其他需要约定的事项。

协议约定物业管理单位提供废弃物的清运和处置及公用部位的

保护及清洁服务的，应当同时约定服务费用。

本规定第十条、第十一条规定以外的局部装饰装修活动，可以根据情况选择签订住宅室内装饰装修管理服务协议。

第二十条 物业管理单位应当在装修人住宅楼道适当场所公示装修人姓名、装修住宅、举报电话和联系人，接受群众对装修人住宅室内装饰装修活动的控告、举报和申诉。

根据《住宅室内装饰装修管理办法》第十七条规定，物业管理单位依照服务协议积极履行监督检查职责，发现装修人或施工单位有违反本规定和服务协议的行为，应当予以制止，并及时报有权部门依法处理。

第二十一条 装修人、施工单位应当根据《住宅室内装饰装修管理办法》第二十四条规定签订住宅室内装饰装修书面合同。双方约定采用国家工商总局《家庭居室装饰装修工程施工合同》示范文本的，施工单位应当提供该合同示范文本。

第二十二条 住宅室内装饰装修工程的价格，由双方当事人根据市场行情进行协商，并在合同中约定。

第二十三条 住宅室内装饰装修工程的质量标准，国家和自治区有强制标准的，执行强制标准；没有强制标准但有行业标准的，执行行业标准；双方当事人有约定的除外。

第二十四条 装修人可以委托有关工程质量监理机构，对住宅室内装饰装修活动进行监督。

第二十五条 住宅室内装饰装修使用的材料和设备，应当符合国家或行业标准、保障施工安全和人身健康的要求。

依法对住宅室内装饰装修活动履行审批、设计职责的部门、物业管理单位和施工单位，不得指定装修人使用某类装饰装修材料和设备。

第二十六条 进行住宅室内装饰装修活动时，应当采取有效措施避免或减轻噪声对邻近居民生活所造成的不利影响，严禁施工人员在居民通常的下班休息时间进行噪声扰民作业。

第二十七条 住宅室内装饰装修工程竣工后，空气质量应当符合国家的推荐标准。

对住宅室内空气质量有争议的，装修人可以委托具有相应资质等级的检测机构进行检测。经检测不合格、属于施工单位责任的，施工单位应当进行返工并承担相应的损失。

第二十八条 双方当事人应当严格履行合同义务，违约方应当承担相应的民事责任。

双方当事人就住宅室内装饰装修合同发生纠纷的，可以自行协商，也可以申请家庭装饰装修行业协会或其他组织进行调解。不愿协商、调解或协商调解不成的，可以依照合同约定申请仲裁或者向人民法院起诉。

第二十九条 施工单位应当依约定履行保修义务。不履行或拒绝履行保修义务的，由建设行政管理部门依据《建设工程质量管理条例》第六十六条规定，责令其改正，并进行处罚。

在保修期内因质量缺陷造成损失的，施工单位应承担赔偿责任。

第三十条 装修人进行住宅室内装饰装修活动，未申报登记的或违反本规定第十二条规定，分别依据《住宅室内装饰装修管理办法》第三十五条、第三十六条规定，由市房产行政管理部门责令改正，处五百元以上一千元以下罚款。

第三十一条 装修人违反本规定第九条第（一）项规定，由建设行政管理部门依据《建设工程质量管理条例》第六十九条规定进行处罚。

违反本规定第九条第（二）、（三）、（四）、（五）项，第十一条第（二）项规定的，由市房产行政管理部门依据《住宅室内装饰装修管理办法》第三十八条进行处罚。

第三十二条　装修人违反第十条规定，不经批准进行装饰装修活动的，由有批准权的机关依照相关法律、法规进行处罚。

第三十三条　装修人违反《建设工程质量管理条例》规定的，依据该条例第五十六条处罚。

第三十四条　施工单位违反《建设工程质量管理条例》规定的，依据该条例相关条款进行处罚。违反《住宅室内装饰装修管理办法》的安全要求进行施工的，依据该办法第四十一条进行处罚。

第三十五条　物业管理单位不履行本规定第二十条规定的职责的，由房产行政管理部门依据《住宅室内装饰装修管理办法》第四十二条给予警告。收取服务费用的，可以处服务费用的二至三倍罚款。

第三十六条　违反本规定第二十六条规定进行扰民施工的，由公安机关依据《中华人民共和国环境噪声污染防治法》第五十八条规定进行处理。

第三十七条　施工单位违规施工，造成装修人、有关公用系统产权单位或他人财产损失的，应承担赔偿责任；造成公用系统产权单位或他人财产损失的，装修人应先行赔偿；施工单位有过错的，装修人可以向其追偿。

第三十八条　废弃物的清运，应当遵守环卫部门的有关规定。违反规定清运或处置废弃物的，由环卫行政管理部门依法处理。

第三十九条　有关行政管理部门的工作人员在住宅室内装饰装修活动中，疏于履行职责，情节严重的，依法给予行政处分。触犯刑事法律的，依法追究刑事责任。

第四十条　本规定由市建设行政管理部门负责解释。

第四十一条　本规定自发布之日起施行。

邯郸市装饰装修管理办法

邯郸市人民政府令

2010 年第 132 号

《邯郸市装饰装修管理办法》已经 2010 年 9 月 27 日
市政府第 35 次常务会议审议通过，现予以公布，自 2011
年 1 月 1 日起施行。

2010 年 10 月 25 日

第一条 为加强建筑工程装饰装修活动的管理，规范市场秩
序，保障装饰装修的工程质量和安全，维护当事人的合法权益，依
据国家和省相关法律法规规定，制定本办法。

第二条 在本市行政区域内从事装饰装修活动，实施对装饰装
修活动的监督管理，应当遵守本办法。

法律、法规对古建筑、重要近现代建筑、军事管理区的建筑的
装饰装修另有规定的，从其规定。

第三条 本办法所称装饰装修，是指使用装饰装修材料，对公
共建筑物、构筑物外表和内部进行修饰，以及对竣工验收合格前在
建住宅（以下简称全装住宅）的外表或内部进行修饰处理的活动。

本办法所称装修人，是指对建筑物、构筑物进行装饰装修的所
有人或者使用人。

第四条 邯郸市建设行政主管部门（以下称市装饰装修主管部
门）是本市装饰装修活动的行政主管部门，其所属的市建筑业管理

办公室（以下称市装饰装修管理机构）行使装饰装修监督管理职责，具体负责本市装饰装修活动监督管理的日常工作。

各县（市）、峰峰矿区的装饰装修行政主管部门负责本辖区内装饰装修活动的监督管理工作。邯郸经济开发区、市马头工业城建设主管部门，受市建设行政主管部门委托负责本辖区内的装饰装修活动监督管理工作。

住房保障房产管理、环境保护、公安消防、工商、规划、人力资源社会保障、城管执法、质监等有关部门，应当按照各自职责，共同做好装饰装修管理工作。

第五条 装饰装修应当遵守城市规划、建筑节能、环境保护、安全、消防等有关规定，不得损害国家利益、社会公共利益和他人的合法权益。鼓励采用环保节能的新技术、新材料、新工艺。

市主城区内的新建住宅工程提倡全装修交付使用。具体装修验收标准由市建设行政主管部门制定。

第六条 在本市从事装饰装修设计、施工、监理、检测的单位应当依照法律、行政法规的规定具备相应资质等级，并在其资质等级证书许可的范围内开展业务。

从事装饰装修活动的单位应当持营业执照、资质证书以及专业人员的相关资料向市装饰装修管理机构备案。

从事建筑装饰装修施工活动的个体从业者，必须依照国家和本市有关规定，向装饰装修主管部门申请办理资格审查手续，取得资格证书。

第七条 装饰装修单位应当建立健全教育培训制度，加强职工的职业教育培训，技术工种的施工人员应当经过专业培训。从事装饰装修设计、施工、监理、检测等专业技术人员应当依法取得相应的执业资格证书，并在其资格等级证书许可的范围内从业；从事特殊工种的施工技术人员还应当依法取得特种作业操作证。

第八条 装饰装修工程不得发包给不具备相应资质等级的单位。装饰装修工程劳务作业应当分包给具有相应资质的劳务单位实施。承包方不得将工程非法转包。

第九条 本市实行装饰装修单位以及相关从业人员的信用公示制度，具体办法由市装饰装修主管部门另行制定。

第十条 市装饰装修主管部门应当会同市工商行政管理部门，按照合同法的规定制定装饰装修工程合同示范文本，并向社会公示。

装饰装修合同一般应当包括以下内容：

（一）双方当事人的名称、地址、联系方式；

（二）装饰装修项目的地址、位置、房屋间数、建筑面积；

（三）装饰装修的内容、方式、规格、质量要求及验收方式；

（四）开工、竣工时间；

（五）项目的保修内容、期限；

（六）价格、计价标准和支付方式、时间；

（七）安全责任的分担；

（八）合同变更和解除的条件；

（九）违约责任及解决纠纷的途径；

（十）合同的生效时间；

（十一）双方认为需要明确的其他条款。

第十一条 装饰装修工程应当使用符合国家环保节能标准的材料、设备。装饰装修材料、设备，应当有产品质量检验合格证明，中文标明的产品名称和生产厂家名称等产品标识。禁止使用国家明令淘汰或者不符合节能环保要求和产品质量标准的装饰装修材料。

装修人不得明示或者暗示施工方使用不符合节能环保要求和产品质量标准的装饰装修材料。

第十二条 装饰装修活动应当遵守下列规定：

（一）装饰装修设计、施工、监理、检测应当保证建筑物的质量和结构安全，并执行国家有关强制性标准和行业标准。

（二）涉及建筑主体、承重结构变动的建筑装饰装修工程，装修人应当在施工前经原设计单位书面同意或房屋鉴定机构鉴定符合安全要求的，并编制或者委托具有相应资质条件的设计单位编制结构变动的施工图设计文件，并报送审图机构审查。没有施工图设计文件和施工图设计文件未经审图机构审查的，不得施工。

（三）未经规划行政管理部门批准，不得搭建建筑物、构筑物或者改变建筑物的外立面；未经供电、供水、供热、燃气等相关部门同意，不得拆改相关的管线和设施；改动防水层的，应当按照防水标准制定施工方案；

（四）不得将没有防水要求的房间或者阳台改为卫生间、厨房间，或者拆除连接阳台的砖、混凝土墙体的；

（五）不得损坏房屋原有节能设施或者降低节能效果；

（六）遵守消防安全管理规定；

（七）不得擅自占用城市道路和设施，不得侵占公共空间或者损害公共部位和设施；

（八）施工中产生的建筑垃圾，不得与生活垃圾混放，并按照规定堆放、清运、处置；施工的材料、工具、设备进出场时，不得污染公共环境。

第十三条 造价在五十万元以上，依法应当实行招标的建筑装饰装修工程，装修人不得将项目肢解，规避招标管理。

第十四条　造价在三十万元以上的建筑装饰装修工程，装修人应当在开工前，按照有关规定办理工程质量监督备案手续和施工许可证。

第十五条　建筑装饰装修工程依法应当实行监理的，装修人应当委托装饰装修工程监理单位对工程进行监理。

第十六条　装饰装修施工单位在建筑装饰装修活动中应当遵守以下规定：

（一）在施工现场挂牌，公示单位的名称、施工负责人姓名、联系方式、开工与竣工日期和投诉电话。

（二）严格执行《建设工程质量管理条例》，建立健全施工质量检验制度，严格工序管理，做好隐蔽工程的质量检查和记录，保障工程质量。

（三）遵守安全生产法律、法规的规定，制定安全生产管理制度和安全事故应急预案，保障装饰装修施工安全，并依法承担工程安全生产责任。

（四）严格执行装饰装修有关规范要求，不得偷工减料、粗制滥造、野蛮施工，危及建筑物自身的安全；

（五）按照环境保护法律、法规的有关规定，在施工现场采取措施，防止或者减少废气、废水、粉尘、振动、噪声、固体废弃物和施工照明对人和环境的危害和污染。

（六）在十二时至十四时、二十时至次日七时之间，不得在居民住宅区使用产生噪声或者振动的工具进行施工作业。

第十七条　装饰装修工程实行保修制度，建筑装饰装修工程保修期限按照国家有关规定执行。其中住宅室内装饰装修在正常使用条件下，保修期限为二年，有防水要求的厨房、卫生间和外墙面的防渗漏期为五年。保修期自装饰装修工程竣工验收合格之日起计算。

装饰装修工程竣工验收后，施工方应当向装修人移交水、电、暖等相关图纸和技术资料，并按有关规定向城建档案管理部门移交相关技术资料。

第十八条 装饰装修活动中发生争议的，可以通过双方协商、民事调解或者向装饰装修主管部门及其管理机构投诉、向人民法院提起诉讼等途径解决。合同中有约定的，按约定执行。

第十九条 建筑装饰装修工程完工后，装修人应当委托有资质的检测机构对室内环境质量进行检测，未经检测或者检测不合格的建筑装饰装修工程不得投入使用。

检测不合格的，施工方应当整改，并按照合同的约定承担责任。

第二十条 建筑装饰装修工程经检测合格后，装修人应当依法组织竣工验收，并自验收合格之日起十五日内将竣工验收报告、室内环境质量验收报告和有关资料报装饰装修管理机构备案。未经竣工验收备案的不得交付使用。

第二十一条 装修人在装饰装修前应当告知相邻权益人。装饰装修造成相邻权益人的墙体损坏、管道堵塞、渗漏水、停水停电的，施工方和装修人应当及时修复；造成损失的应当依法由责任人予以赔偿；损失由施工方造成的，装修人应先行赔偿后向施工方追偿。

第二十二条 装饰装修主管部门应当履行下列监督管理职责：

（一）负责装饰装修的行业管理和市场管理；

（二）实施装饰装修工程施工许可和竣工验收备案管理；

（三）实施装饰装修单位和个人的资质、资格以及信用管理；

（四）负责装饰装修工程的质量和安全管理；

（五）负责装饰装修行业的宣传教育和职业技能培训管理；

（六）查处装饰装修中的违法、违规行为。

第二十三条 装饰装修管理机构在接到当事人的投诉后，应当调查处理，十五个工作日内答复投诉人；对属于其他行政管理部门处理的，应当在三个工作日内转交有关部门处理，并告知投诉人。

第二十四条 装饰装修管理执法人员履行监督检查职责时，有权采取下列措施：

（一）要求被检查的单位提供有关装饰装修工程质量的文件和资料；

（二）进入被检查单位的施工现场检查；

（三）发现装饰装修工程责任人违反法律法规规章规定的，责令停止违法行为，限期整改，并依法实施行政处罚。

第二十五条 违反本办法第六条第一款、第七条、第八条、第十二条第二项、第十六条第四项和第六项规定的，由建设行政主管部门依照《中华人民共和国建筑法》、《中华人民共和国招标投标法》、《建设工程质量管理条例》、《建设工程安全生产管理条例》、《建设工程勘察设计管理条例》、《建筑业企业资质管理规定》、《河北省建筑装饰装修管理规定》、《邯郸市主城区大气污染防治管理办法》等有关法律、法规和规章的规定予以处罚。

第二十六条 违反本办法第六条第二款，擅自承揽装饰装修业务的，由建设行政主管部门责令限期改正；逾期不改正的，处1万元以上3万元以下的罚款。

第二十七条 违反本办法第六条第三款、第十一条、第十二条第三、四、五、七项、第十六条第一项、第十七条第二款、第十九条和第二十条规定的，分别由建设、消防和环保等有关部门依据相关规定责令限期改正；逾期不改正的，处 500 元以上 1000 元以下的罚款。

第二十八条　装饰装修主管部门工作人员在监督管理中玩忽职守、滥用职权、徇私舞弊、违规办事的，由主管部门视情节给予行政处分，构成犯罪的，依法追究刑事责任。

第二十九条　本办法自 2011 年 1 月 1 日起施行。

徐州市建筑装饰装修条例

徐州市第十四届人民代表大会常务委员会公告
第 22 号

　　《徐州市建筑装饰装修条例》经 2011 年 6 月 22 日徐州市第十四届人民代表大会常务委员会第二十七次会议通过，2011 年 7 月 16 日江苏省第十一届人民代表大会常务委员会第二十三次会议批准，现予公布，自 2011 年 12 月 1 日起施行。

2011 年 7 月 28 日

　　第一条　为了规范建筑装饰装修市场秩序，保障建筑装饰装修的工程质量和安全，维护当事人的合法权益，根据《中华人民共和国建筑法》、国务院《建设工程质量管理条例》等法律、法规，结合本市实际，制定本条例。

　　第二条　本市行政区域内从事建（构）筑物的装饰装修活动，实施对装饰装修活动的监督管理，应当遵守本条例。

　　法律、法规对古建筑、重要近现代建筑、军事管理区建筑的装饰装修另有规定的，从其规定。

　　第三条　本条例所称建筑装饰装修，是指装修人使用装饰装修材料，对建（构）筑物外表和内部进行修饰处理的活动，包括建筑工程的装饰装修和农村居民自建住宅以外的个人住宅的装饰装修。

　　本条例所称装修人，是指进行装饰装修的建（构）筑物的建设单位、所有权人或者使用人。

第四条 市、县（市）、区建设行政管理部门（以下简称建筑装饰装修主管部门）是本行政区域内建筑装饰装修活动的主管部门。市建筑装饰装修主管部门与鼓楼区、云龙区、泉山区建筑装饰装修主管部门的建筑装饰装修管理职能的划分，由市人民政府确定。

市、县（市）、铜山区、贾汪区建筑装饰装修主管部门所属的装饰装修管理机构具体负责建筑装饰装修活动监督管理的日常工作。

规划、房管、公安、工商、质监、消防、环保、城管等相关部门按照各自职责，做好建筑装饰装修的监督管理工作。

第五条 建筑装饰装修主管部门应当建立、完善信用考核制度和体系，对从事建筑装饰装修活动的单位及其执业人员实施信用管理，并依法公示信用信息，为公众提供信息查询服务。

第六条 推行使用建筑装饰装修合同示范文本。合同示范文本由市建筑装饰装修主管部门会同市工商行政管理部门制定。

第七条 建筑装饰装修行业协会应当加强行业自律，开展行业服务，规范行业行为，受理建筑装饰装修咨询和投诉，协调解决装饰装修纠纷，对违反协会章程的会员单位进行处理。

第八条 从事建筑装饰装修活动，应当遵守规划、房屋安全、消防、环境保护以及物业管理等有关规定和标准。

鼓励建筑装饰装修采用安全、环保、节能的新技术、新材料、新工艺。

鼓励房地产开发企业对新建商品住宅统一进行装饰装修。

第九条 城市建成区内主次道路两侧和重要区域的建（构）筑物外立面装饰装修，其色彩应当符合城市建筑色彩规划和城市建筑色彩控制技术导则，遵守城市建筑色彩管理的相关规定。

第十条　城市、镇规划区内大中型或者受保护的建筑物外立面装饰装修，装修人应当到规划行政管理部门办理建设工程规划许可手续。

建筑物外立面装饰装修设置户外广告的，应当到户外广告设置管理部门办理许可手续。

装饰装修活动影响房屋安全的，应当按照《徐州市城市房屋安全管理条例》的规定，到房产行政管理部门办理许可手续。

第十一条　禁止下列建筑装饰装修行为：

（一）违反房屋安全管理规定进行装饰装修；

（二）损坏建（构）筑物原有节能设施或者无障碍设施；

（三）未经有关部门批准，改变建筑物使用功能、原外观设计；

（四）擅自拆除与消防安全有关的建筑设施、建筑构配件，或者擅自改变建筑物防火间距、耐火等级、防火分区、消防安全疏散条件等影响消防安全的行为；

（五）其他影响建（构）筑物结构安全或者使用安全的行为。

第十二条　从事建筑装饰装修活动，应当处理好排水、通行、采光、环境卫生、油烟排放等方面的相邻关系，不得损害相邻权利人的合法权益。

在已竣工交付使用的住宅楼内进行房屋装饰装修的，在十二时至十四时、十九时至次日七时，法定节假日在十二时至十四时、十九时至次日九时期间不得进行产生环境噪声污染的作业。在其他时间进行作业的，应当采取有效措施，避免或者减轻对周围居民造成环境噪声污染。

第十三条　从事建筑装饰装修活动，应当加强对易燃材料、物品使用的安全管理，防止或者减少粉尘、有害气体、固体废弃物、污水、噪声、振动、施工照明等对环境造成污染。

第十四条 从事建筑装饰装修设计、施工、监理和检测活动的单位，应当具备相应的资质，并在其资质等级范围内从事建筑装饰装修活动；其专业技术人员，应当依法取得相应的执业资格证书，并在执业资格证书许可范围内从事建筑装饰装修活动。

从事电、电焊、脚手架等特种作业人员，应当依法取得相应的资格证书方可上岗。

第十五条 建筑装饰装修材料应当符合设计要求和国家产品质量、有害物质限量及燃烧性能控制等标准，并附有产品质量检验合格证明和中文标明的产品名称、规格、型号、产品执行标准、生产企业名称及地址。

禁止生产、销售和使用质量不合格、国家明令淘汰或者不符合国家室内环境污染控制等相关规范和标准的建筑装饰装修材料。

第十六条 装修人不得要求施工方违反国家法律、法规和技术规范进行施工。

施工方应当建立健全施工质量检验制度，严格工序管理，做好隐蔽工程的质量检查和记录。

第十七条 建筑装饰装修工程按照国家规定实行质量保修制度。装修人与施工方关于质量保修的约定可以严于国家的有关规定。

第十八条 投资额或者工程量达到国家和省规定限额应当进行招投标、实行监理的建筑装饰装修工程，装修人应当办理招投标、工程监理手续。

第十九条 单独发包并应当申领施工许可证的建筑装饰装修工程，自建筑装饰装修合同订立之日起十五日内，装修人和施工方应当共同持合同向建筑装饰装修主管部门备案。

第二十条　单独发包并应当申领施工许可证的建筑装饰装修工程，装修人应当依法办理工程质量监督、工程安全监督、施工许可、建设工程消防设计审核或者备案、建筑垃圾处置核准等手续。

第二十一条　申领施工许可证应当符合下列条件：

（一）施工场地已经具备施工条件；

（二）施工企业已经确定；

（三）施工图设计文件已按规定通过了审图机构审查；

（四）有保证工程质量和安全的具体措施；

（五）资金已经落实；

（六）大中型或者受保护的建筑物外立面装饰装修，已办理规划许可手续；

（七）法律、行政法规规定的其他条件。

建筑装饰装修主管部门应当自收到申请之日起十五日内，作出许可或者不予许可的决定。予以许可的，向申请人颁发施工许可证；不予许可的，应当书面通知申请人并说明理由。

第二十二条　公共建筑装饰装修工程竣工验收前，装修人应当委托具有相应资质的检测机构对室内环境质量进行检测，未经检测或者检测不合格的，不得投入使用。

第二十三条　建筑装饰装修工程竣工后，装修人应当依法组织竣工验收，并自验收合格之日起十五日内将竣工验收报告、室内环境质量验收报告和有关资料报建筑装饰装修主管部门备案。个人住宅和依法不需要竣工验收备案的装饰装修工程除外。

第二十四条　个人住宅装饰装修前，应当到物业服务企业或者居民委员会进行登记；物业服务企业或者居民委员会应当将有关房屋装饰装修、房屋安全、电梯使用、建筑垃圾处置等有关管理规定告知装修人和施工方。

物业服务企业、居民委员会应当对装修人或者施工方违反建筑装饰装修有关规定的行为予以劝阻、制止，并及时报告建筑装饰装修主管部门、房产行政管理部门等有关部门。有关部门接到物业服务企业的报告后，应当及时到现场检查核实，并依法处理。

第二十五条 个人住宅装饰装修活动，造成共用部位的设施、设备损坏或者相邻住宅渗漏水、管道堵塞、停水停电的，装修人应当予以修复；造成损失的，依法予以赔偿。属于施工方责任的，装修人可以向其追偿。

第二十六条 物业服务企业在建筑装饰装修管理活动中，不得有下列行为：

（一）排斥装修企业或者装修作业人员进入本物业管理区域；

（二）排斥装修人购置的装饰装修产品进入本物业管理区域；

（三）违背装修人意愿直接或者间接提供各种与装修活动相关的有偿服务；

（四）违法收取各种费用。

第二十七条 在建筑装饰装修活动中，使用电梯搬运装修材料应当遵守电梯安全运行的管理规定。

第二十八条 房地产开发企业销售统一进行装饰装修的商品房，应当就装饰装修工程的保修范围、保修期限、保修责任等内容作出书面承诺。

房地产开发企业交付统一进行装饰装修的商品房时，应当向买受人提供装饰装修工程竣工图、室内空气质量抽样检测报告和包含装饰装修内容的质量保证书、使用说明书。

第二十九条 建设单位或者物业服务企业、其他管理人应当为装修人提供房屋结构图、管线图以及其他相关图纸的查询服务，不得违法收取费用。

第三十条　违反本条例第十二条第二款规定，施工方在禁止作业期间进行产生环境噪声污染作业的，由公安机关责令改正，并给予警告；警告后不改正的，处二百元以上五百元以下罚款。

第三十一条　违反本条例第二十二条规定，公共建筑未经室内环境质量检测或者检测不合格投入使用的，由建筑装饰装修主管部门责令限期改正；逾期不改正的，对装修人处以五万元以上二十万元以下的罚款；检测机构提供虚假检测报告的，责令改正，可处以五万元以上十万元以下的罚款。

第三十二条　违反本条例第二十六条规定行为之一的，由房产行政管理部门责令限期改正；逾期不改正的，处以五千元以上二万元以下的罚款；有违法所得的，没收违法所得。

第三十三条　违反本条例第二十八条第二款规定，房地产开发企业交付统一进行装饰装修的商品房时，未向买受人提供装饰装修工程竣工图、室内空气质量抽样检测报告或者包含装饰装修内容的质量保证书、使用说明书的，由建筑装饰装修主管部门责令限期改正；逾期不改正的，处以一万元以上三万元以下的罚款。

第三十四条　违反本条例规定的其他行为，法律、法规规定由相关行政管理部门实施处罚的，按照有关法律、法规规定执行。

第三十五条　建筑装饰装修主管部门以及所属的装饰装修管理机构及其工作人员有下列行为之一的，对直接负责的主管人员和其他直接责任人员依法给予行政处分：

（一）对举报的建筑装饰装修违法行为不进行调查处理的；

（二）不履行监督检查职责，造成安全事故的；

（三）违反规定审批、发放施工许可证的；

（四）其他滥用职权、徇私舞弊、玩忽职守的行为。

第三十六条　本条例自 2011 年 12 月 1 日起施行。

贵阳市装饰装修管理暂行办法

贵阳市人民政府令

第9号

《贵阳市装饰装修管理暂行办法》已经2012年5月21
日市人民政府常务会议通过。现予公布，自2012年8月1
日起施行。

二○一二年五月二十五日

第一章 总 则

第一条 为加强装饰装修活动的管理，规范市场秩序，保障装
饰装修的工程质量和安全，维护公共利益和装饰装修活动当事人、
利害关系人的合法权益，根据《中华人民共和国建筑法》、《建设
工程质量管理条例》、《物业管理条例》、《贵州省建筑市场管理条
例》、《贵阳市房屋使用安全管理条例》、《住宅室内装饰装修管理
办法》等法律、法规、规章的规定，结合本市实际，制定本办法。

第二条 在本市行政区域内从事装饰装修活动以及实施对装饰
装修活动的监督管理，应当遵守本办法。

本办法所称装饰装修，是指使用装饰装修材料，对建筑物、构
筑物外表和内部进行修饰处理的活动，包括公共建筑装饰装修（含
玻璃幕墙工程）和住宅装饰装修。

本办法所称装饰装修人，是指对建筑物、构筑物进行装饰装修
的建设单位、所有权人或者使用人。

第三条　装饰装修活动应当遵守城市规划、建筑节能、工程质量、安全生产、消防、抗震、环境保护、城管、物业管理等有关规定，不得损害国家利益、社会公共利益和他人的合法权益。

鼓励采用环保节能的新技术、新材料、新工艺。

鼓励房地产开发企业对新建商品住宅提供装饰装修的成品房和选单式装饰装修的精品房交付使用，提倡逐步减少毛坯房供应。

第四条　市住房和城乡建设行政主管部门负责全市装饰装修活动的监督指导管理工作，所属装饰装修管理机构负责日常工作。

区、县（市）住房和城乡建设行政主管部门负责本辖区内装饰装修活动的监督管理工作。

工商、城乡规划、公安消防、环保、质量技术监督、城管（城市综合执法）、税务、统计等行政管理部门，按照各自职责，协同做好装饰装修有关的监督管理工作。

第五条　住房和城乡建设行政主管部门应当加强对装饰装修行业协会的指导。

装饰装修行业协会应当加强行业自律，开展行业服务，规范行业行为。

第六条　对违反本办法规定的行为，任何单位和个人都有举报的权利。收到举报、投诉的部门和单位应当及时调查处理。

第二章　一般规定

第七条　在本市从事装饰装修设计、施工和监理活动的企业，应当依法取得相应的等级资质证书后，方可在其资质等级许可范围内从事装饰装修活动。

资质申请办法、资质等级标准和经营范围分别按建设部《建筑业企业资质管理规定》、《建筑业企业资质等级标准》和《建设工程勘察设计企业资质管理规定》、《建筑装饰设计资质分级标准》的规定办理。

建筑装饰装修施工企业应当依法取得安全生产许可证。

第八条 从事装饰装修活动的专业技术人员，应当依法取得相应的执业资格证书，并在执业资格证书确定范围内从事装饰装修活动。

第九条 省外的装饰装修企业在本市从事装饰装修活动的，应当按有关规定成立分支机构，并且持有省住房和城乡建设行政主管部门的备案手续。

第十条 用于装饰装修的材料应当符合有关设计要求和国家产品质量、有害物质限量及燃烧性能控制等标准，并附有产品质量检验合格证明和中文标明的产品名称、规格、型号、生产企业名称、地址及使用范围等标识。

禁止使用质量不合格、国家明令淘汰或者不符合国家室内环境污染控制等相关规范和标准的装饰装修材料。

第十一条 装饰装修人应当依法与装饰装修施工方签订装饰装修工程承包合同。

装饰装修工程承包合同应当使用合同示范文本，主要包括下列内容：

（一）双方当事人的姓名或名称、地址、联系方式；

（二）装饰装修工程基本情况和承包方式；

（三）用于装饰装修的主要材料名称、品牌、型号、规格、等级、数量；

（四）开工、竣工时间；

（五）工程价款及支付方式、期限；

（六）工程质量要求和验收办法；

（七）保修范围、期限；

（八）违约责任及解决纠纷的途径；

（九）双方认为需要明确的其他条款。

第十二条 危险房屋不得进行装饰装修。

第十三条 在装饰装修活动中，禁止下列行为：

（一）未经原设计企业同意或者具有相应资质等级的设计企业提出设计方案，擅自变动建筑主体、承重结构或者明显加大荷载，拆改承重墙、柱、板和基础结构，拆除承重墙或者在承重墙上开挖壁柜、门窗洞口，超过设计标准增大荷载，在楼面结构层开凿洞口或者扩大洞口，为增加房屋使用空间降低房屋地面地坪标高；

（二）将房间、阳台改为卫生间；

（三）损坏建筑物原有节能设施或者无障碍设施；

（四）擅自拆卸、改装燃气管道或者设施；

（五）将生活污水排入雨水管道；

（六）未经城乡规划行政主管部门批准，擅自搭建建筑物、构筑物或者改变建筑物使用功能、原设计立面、色彩、外观格式；

（七）擅自拆除与消防安全有关的建筑设施、建筑构配件，或者未经公安消防机构审核批准擅自改变建筑物防火间距、耐火等级、防火分区、消防安全疏散条件；

（八）侵占公共空间或者损害公共部位和设施；

（九）其他影响建筑物、构筑物结构安全或者使用安全的行为。

第十四条 涉及建筑主体、承重结构变动的建筑装饰装修工程，装饰装修人应当在施工前委托原设计单位或者具有相应资质条件的设计单位提出施工图设计文件，并报送施工图审查机构审查。未经审查通过的施工图设计文件，不得施工。

第十五条 建筑物的使用人对建筑物进行装饰装修时，应当征得该建筑物产权人的书面同意；在办理相关手续时，应当提供书面同意书和该建筑物租用合同。

第十六条 从事装饰装修活动，应当处理好排水、供水、供电、供气、通行、通风、采光、环境卫生、油烟排放等方面的相邻关系，并不得损害相邻业主或者使用人的合法权益。

第十七条 从事装饰装修活动，应当采取措施，加强对易燃易爆材料、物品使用的安全管理，防止施工现场的各类粉尘、有害气体、固体废弃物、污水、噪音、振动等对环境造成污染和危害。

第十八条 装饰装修工程实行质量保修制度。

在正常使用条件下，装饰装修工程的最低保修期限为 2 年，有防水要求的卫生间、房间和外墙面的防渗漏最低保修期限为 5 年。

保修期自装饰装修工程竣工验收合格之日起计算。

装饰装修工程在保修范围和保修期限内发生质量问题的，装饰装修施工方应当履行保修义务，并对造成的损失承担相应的赔偿责任。

第十九条 装饰装修工程投入使用时，其室内空气质量应当符合室内空气质量标准和室内环境污染控制规范的要求。

第二十条 从事室内空气质量检测的单位，应当依法取得相应的资质认证，并对其出具的检测结论负责。

第二十一条 住建部门和其他有关部门应当定期进行监督检查，装饰装修人、设计、施工和监理各方应当配合，并如实提供必要的资料、文件等。不得拒绝或者阻碍监督检查人员依法执行职务。

第二十二条 对从事装饰装修的企业及相关从业人员应当实行公信制度和质量保证制度。

第三章公 共建筑装饰装修

第二十三条 装饰装修人应当将公共建筑装饰装修工程发包给具有相应资质等级的建筑装饰装修设计、施工、监理企业进行设计、施工和监理。

第二十四条 工程建设项目的装饰装修设计、施工、监理以及与工程建设有关的重要设备、材料等的采购，达到下列之一的，应当进行招标：

（一）关系社会公共利益、公众安全的基础设施项目；

（二）关系社会公共利益、公众安全的公用事业项目；

（三）使用国有资金投资的项目；

（四）国家融资的项目；

（五）使用国际组织或者外国政府贷款、援助资金的项目。

法律、法规对工程建设项目招标范围另有规定的，从其规定。

第二十五条 符合前条规定范围内的各类工程建设项目，包括项目的装饰装修设计、施工、监理以及与工程建设有关的重要设备、材料等的采购，达到下列规模标准之一的，应当进行招标：

（一）施工单项合同估算价在200万元人民币以上的；

（二）采购重要设备、材料等货物的单项合同估算价在100万元人民币以上的；

（三）设计、监理等服务单项合同估算价在50万元人民币以上的；

（四）单项合同估算价低于本条第（一）、（二）、（三）项规定的规模标准，但项目总投资额在3000万元人民币以上的。

第二十六条 凡投资30万元人民币以上或者建筑面积在300平方米以上以及涉及建筑物、构筑物结构安全或者公共安全的公共建筑装饰装修项目，开工前，装饰装修人应当依法向工程所在地的县级以上住房和城乡建设行政主管部门申请领取施工许可证。未依法取得施工许可证的，不得开工。

前款规定以外的公共建筑装饰装修工程，实行备案制度。

第二十七条　依法按规定需要领取施工许可证的公共建筑装饰装修工程与主体工程一并发包的，应当随主体工程一并办理施工许可手续；未与主体工程一并发包的，应当单独办理施工许可手续。

第二十八条　装饰装修人申请领取施工许可证，应当具备下列条件，并提供相应的证明文件：

（一）已经确定建筑装饰装修施工企业；

（二）有满足施工需要的施工图纸和技术资料，且施工图设计文件已经按照规定进行了审查；

（三）有保证公共建筑装饰装修工程质量和安全的具体措施，并按照规定办理了项目登记备案或中标备案、工程质量监督、安全监督和消防审核等手续；

（四）依法应当委托监理的公共建筑装饰装修工程已经委托监理；

（五）装饰装修资金已经落实；

（六）装饰装修所使用的原材料，必须符合质量和安全要求；

（七）法律、法规、规章规定的其他条件。

第二十九条　建筑装饰装修施工企业必须按照工程设计要求、施工技术标准和合同约定，将装饰装修材料、建筑构配件送有检测资质的检测机构对其有害物质的含量、强度以及燃烧性能进行检测，未经检测或者检测不合格的，不得使用。

第三十条　公共建筑装饰装修工程竣工验收前，装饰装修人应当委托室内空气质量检测单位对室内空气质量进行检测。经检测不合格的，建筑装饰装修施工企业应当进行整改，未经整改的，不得投入使用，并按照双方合同约定承担相应责任。

第三十一条 装饰装修人应当依法组织设计、施工、监理等有关单位对公共建筑装饰装修工程进行竣工验收。

公共建筑装饰装修工程竣工验收应当具备下列条件：

（一）完成工程设计和合同约定的各项内容；

（二）有完整的技术档案和施工管理资料；

（三）有工程使用的主要装饰装修材料和装饰装修构配件的进场试验报告；

（四）有设计、施工、监理企业分别签署的质量合格文件；

（五）有施工企业签署的工程保修书；

（六）有工程质量监督部门和消防部门签署的合法文件；

（七）法律、法规、规章规定的其他条件。

装饰装修人应当自公共建筑装饰装修工程竣工验收合格之日起15日内，将竣工验收报告、室内空气质量检测报告和公安消防等部门出具的认可文件报工程所在地县级以上住房和城乡建设行政主管部门备案。

第三十二条 装饰装修人应当按照国家有关档案管理的规定，及时收集、整理公共建筑装饰装修工程的文件资料，建立、健全公共建筑装饰装修工程项目档案，向工程所在地县级以上住房和城乡建设行政主管部门的城建档案管理机构移交有关项目档案。

第四章　住宅装饰装修

第三十三条 鼓励装饰装修人委托具有相应资质的装饰装修设计、施工和监理企业对住宅装饰装修工程进行设计、施工和监理。

装饰装修人委托装饰装修施工企业以外的单位或者个人对住宅

装饰装修工程进行施工的，其从事水、电、管线等施工的人员，应当依法取得相应的职业资格证书。

第三十四条　装饰装修企业在承接施工时，应当到各区、县（市）住房和城乡建设部门进行合同备案登记。

第三十五条　房地产开发企业销售统一进行装饰装修的商品住宅的，双方当事人应当在商品房买卖合同中就住宅装饰装修工程的保修范围、保修期限、保修责任等内容作出约定。

房地产开发企业交付统一进行装饰装修的商品住宅时，应当向商品房买受人提供住宅装饰装修工程竣工图、室内空气质量检测报告和包含住宅装饰装修内容的住宅质量保证书、住宅使用说明书。

第三十六条　房地产开发企业向商品房买受人销售未统一进行装饰装修的商品住宅的，其提供的住宅使用说明书应当明确住宅装饰装修中的禁止行为和注意事项。

房地产开发企业制定的前期物业临时管理规约，应当包含规范住宅装饰装修的内容。

第三十七条　装饰装修人对住宅进行装饰装修，需要建设单位或者物业服务企业、社区服务中心、其他管理人提供房屋结构图、电气及其他管线线路图的，前述单位应当予以提供。

第三十八条　装饰装修人在住宅装饰装修工程开工前，应当向物业服务企业或者社区服务中心、其他管理人进行登记，并提供下列材料：

（一）房屋所有权证书的复印件或者能够证明其合法权益的有效凭证；装饰装修人是使用人的，还应当提供房屋所有权人同意装饰装修的书面证明；

（二）住宅装饰装修工程施工方案；

（三）涉及本办法第十三条规定事项的，应当提供有关部门的批准文件、有关单位同意的书面证明或者有关单位的变更设计方案。

第三十九条 装饰装修人应当与物业服务企业或者社区服务中心、其他管理人签订住宅装饰装修服务协议。

住宅装饰装修服务协议应当载明下列内容：

（一）住宅装饰装修工程的工期；

（二）允许施工的时间；

（三）废弃物的清运与处置；

（四）住宅外立面设施、防盗设施和其他设施的安装要求；

（五）禁止行为和注意事项；

（六）保证金的收取与退还；

（七）违约责任；

（八）其他需要约定的事项。

第四十条 装饰装修人在住宅装饰装修工程开工前，应当告知相邻业主或者使用人。

第四十一条 装饰装修施工方应当在施工现场挂牌，明示施工单位名称和施工人员姓名及联系方式，并遵守物业管理的有关规定。

第四十二条 安装铺设水路管道或者改动卫生间、厨房间防水层的，施工单位应当按照防水标准进行施工，并做加压试验或者闭水试验。

第四十三条 封闭阳台以及安装空调外机、太阳能热水器、防盗网、遮阳罩等设施的，应当遵守管理规约和物业管理的有关规定，保持物业的整洁、美观。

第四十四条 住宅装饰装修工程施工过程中产生的废弃物和建筑垃圾，应当按照住宅装饰装修服务协议的约定进行堆放和清运，不得向户外抛洒，不得向垃圾道、下水道、通风孔、消防通道等处倾倒。

第四十五条 因住宅装饰装修活动造成共用部位、共用设施设备损坏或者相邻住宅渗漏水、管道堵塞、停水停电的，装饰装修人应当负责修复；给他人造成损失的，应当依法予以赔偿。属于装饰装修施工方责任的，装饰装修人可以向其追偿。

第四十六条 每天12时到14时、20时到次日8时，不得进行影响相邻业主或者使用人正常休息的住宅装饰装修活动。

第四十七条 物业服务企业或者社区服务中心、其他管理人应当对住宅装饰装修活动进行巡查，发现装饰装修人和装饰装修施工方有违反本办法规定行为的，应当予以劝阻、制止；对劝阻、制止无效的，应当及时报告住建、规划、城管（城市综合执法）、公安消防、环境保护等部门，有关部门应当依法予以处理。

第四十八条 委托装饰装修施工企业施工的住宅装饰装修工程竣工后，装饰装修人应当按照合同约定组织竣工验收。

装饰装修施工企业交付住宅装饰装修工程时，应当向装饰装修人出具住宅装饰装修工程质量保修书和各类管线竣工图。装饰装修工程承包合同对室内空气质量检测有约定的，还应当出具室内空气质量检测报告。装饰装修施工企业负责采购装饰装修材料的，应当向装饰装修人交付主要材料的合格证、说明书、保修单。

第五章　罚　则

第四十九条 违反本办法第十三条规定的，由有关部门按照相关法律、法规、规章的规定进行处罚。

第五十条 违反本办法规定的行为，法律、法规、规章已作出处罚规定的，从其规定；法律、法规、规章未作出处罚规定的，依照本办法的规定进行处罚。

第五十一条 违反本办法规定，损坏建筑物原有节能设施或者无障碍设施的，由县级以上人民政府住房和城乡建设行政主管部门责令限期改正，并处以 1000 元以下的罚款。

第五十二条 违反本办法第三十条规定，对公共建筑装饰装修工程未进行室内空气质量检测的，由县级以上人民政府住房和城乡建设行政主管部门责令限期改正；逾期不改正的，对装饰装修人可处以 3000 元以上 10000 元以下的罚款。

第五十三条 违反本办法第三十五条规定，房地产开发企业交付统一进行装饰装修的商品住宅时，未向商品房买受人提供住宅装饰装修工程竣工图、室内空气质量检测报告或者包含住宅装饰装修内容的住宅质量保证书、住宅使用说明书的，由县级以上人民政府住房和城乡建设行政主管部门责令限期改正，并处以违法所得 3 倍以下不超过 30000 元的罚款，无违法所得的处以 5000 元以上 10000 以下的罚款。

第五十四条 住房和城乡建设行政主管部门和其他有关部门及其工作人员有下列行为之一的，对直接负责的主管人员和其他直接责任人员依法给予行政处分：

（一）对举报的装饰装修违法行为不进行调查处理的；

（二）不履行监督检查职责，造成安全事故的；

（三）违反规定审批、发放施工许可证的；

（四）其他滥用职权、徇私舞弊、玩忽职守的行为。

第六章 附 则

第五十五条 本办法所称公共建筑为用于经营、办公、教学、医疗、娱乐、体育等非住宅的公共活动场所。

房地产开发企业对新建的商品住宅统一进行装饰装修的，适用本办法有关公共建筑装饰装修管理的规定。

第五十六条 法律、法规对古建筑、重要近现代建筑、军事管理区的建筑的装饰装修另有规定的，从其规定。

第五十七条 本办法自 2012 年 8 月 1 日起施行。原《贵阳市建筑装饰装修管理办法》同时废止。

厦门市建筑外立面
装饰装修管理规定

厦门市人民政府令

第 152 号

《厦门市建筑外立面装饰装修管理规定》已经 2012 年
12 月 13 日市人民政府第 15 次常务会议通过,现予公布,
自 2013 年 4 月 1 日起施行。

2012 年 12 月 24 日

第一章 总 则

第一条 为了加强建筑外立面装饰装修管理,维护人身、财产
等公共安全,美化市容环境,根据有关法律、法规,结合本市实
际,制定本规定。

第二条 在本市从事建筑外立面装饰装修活动及其相关监督管
理,适用本规定。

第三条 本规定所称建筑外立面装饰装修活动,是指为使建筑
物达到一定的环境景观和使用要求,使用装饰装修材料,对其外立
面进行处理,以及在其外立面上附加各类设备、设施及饰品的
活动。

本规定所称建筑外立面包括建筑外墙、外门窗、阳台以及其他
外围护表面及附着的建筑构件。

第四条 建筑外立面装饰装修应当遵循安全、美观、节约能源

和保护环境的原则。

第五条 市建设行政主管部门负责对本市建筑外立面装饰装修进行监督管理。区建设行政主管部门在各自管理权限范围内负责建筑外立面装饰装修的监督管理。

规划、市政、城市管理行政执法等有关行政管理部门在各自职责范围内，负责建筑外立面装饰装修的相关管理工作。

第六条 鼓励在建筑外立面装饰装修中使用安全、环保、节能的新技术、新材料、新工艺。

第二章 一般规定

第七条 建筑外立面装饰装修，应当符合规划、建筑、消防、环境保护、城市容貌等有关规定和标准，处理好排水、通行、采光等方面的相邻关系，不得损害相邻权利人的合法权益。

第八条 建筑外立面设计应当满足建筑外立面装饰装修的必要内容及需要。既有建筑外立面不得擅自加设原设计以外的影响建筑外立面外观、周围环境以及明显加大荷载等不安全因素的内容。

第九条 城乡规划主管部门根据相关规定，将建筑外立面装饰装修的风格、色彩等作为建设工程设计方案审查的内容。

施工图审查机构在对施工图设计文件进行审查时，应当按照本规定对建筑外立面装饰装修的材料、施工工艺的选用以及附加设备、附加设施的设置等进行审查。未按照本规定进行设计的，施工图审查机构不予通过施工图设计文件审查。

第十条 施工单位、监理单位应当按照经审查通过的建筑外立面装饰装修施工图设计文件进行施工、监理；工程质量监督机构在进行工程质量监督时，应当在工程质量监督报告中载明相关监督内容。

未按照本规定进行施工的，建设单位不得组织建设工程竣工验收。

第十一条 建筑外立面的维护管理责任人应当对其建筑外立面定期检查、清洗和维护，对有使用保质期的材料和饰品按时检查和更换，对出现安全隐患的建筑外立面装饰及附加设备、附加设施及时加固或者拆除，消除安全隐患。建筑外立面的维护管理责任人委托物业服务企业管理的，应当在物业服务合同中明确相关权利和义务。

前款所称建筑外立面的维护管理责任人是指建筑物以及建筑外立面附加设备、附加设施的所有人、使用人。

第十二条 本市遇重大庆典、举办大型活动及其他特殊情况，需要对市容环境进行美化的，可以按照市人民政府的要求，组织对重要区域的建筑外立面实施清洗、粉饰。

第三章 建筑外墙饰面

第十三条 建筑外墙饰面应当采用安全、环保、反射系数低的建筑材料和防止脱落的技术措施和施工工艺。鼓励使用高耐候性、高耐玷污性、高保色性的高性能建筑涂料。

第十四条 建筑外墙饰面材料采用石材饰面板的，鼓励采用干挂式施工工艺进行施工，限制采用水泥砂浆现场粘贴石材饰面板。确需采用水泥砂浆现场粘贴石材饰面板的，应当采取可靠的嵌固措施，且石材饰面板墙面的离地高度不得超过3米。

第十五条 建筑外墙离地面高度超过24米的区域，不得采用粘贴饰面砖（板）。

在建筑外墙离地面高度不超过24米的区域粘贴饰面砖（板），且粘贴饰面砖（板）部位下有出入口、通道或者人员活动场地的，应当设置挑檐、顶棚等遮挡防护设施或者绿化带、裙房等缓冲区域。

设置的挑檐、顶棚等遮挡防护设施，其伸出墙面长度应当不小于1.2米，并具有抵挡上部坠落物撞击的强度；无法设置遮挡防护设施的，其相应部位外墙饰面砖（板）应当设计采用防脱落的施工工艺。

第四章　建筑幕墙与外门窗

第十六条　本规定所称建筑幕墙包括玻璃幕墙、金属幕墙、石材幕墙、人造板材幕墙、复合板材幕墙等及其组合幕墙。

第十七条　采用建筑幕墙的建筑，应当结合建筑布局，在其周边设置挑檐、顶棚等遮挡防护设施或者绿化带、裙房等缓冲区域；建筑幕墙下有出入口、通道或者人员活动场地的，应当设置遮挡防护设施，其伸出墙面长度不小于1.2米，并具有抵挡上部坠落物撞击的强度。

第十八条　采用建筑幕墙的建设工程竣工验收时，施工单位应当向建设单位提供建筑幕墙使用说明书；销售采用建筑幕墙的建筑时，建设单位应当向买受人提供建筑幕墙使用说明书。

建筑幕墙使用说明书应当载明建筑幕墙的设计依据、主要性能参数、设计使用年限、施工单位的保修义务、日常检查、维护和保养要求、使用注意事项等内容。

第十九条　采用建筑幕墙的建筑，建筑外立面的维护管理责任人应当按照建筑幕墙使用说明书要求进行日常检查、维护和保养。

第二十条　商业中心、交通枢纽、医院、学校、文化体育场馆等人员密集场所的建筑以及临街建筑，需要在二层以上采用玻璃幕墙的，应当使用安全玻璃，并采取防坠落措施。

玻璃幕墙采用钢化玻璃等易爆玻璃的，应当采取粘贴安全膜等安全措施。

第二十一条 新建建筑采用玻璃幕墙、金属幕墙，可能会对周围环境产生光照污染的，应当采用低辐射率镀膜玻璃、非抛光金属板，不得采用镜面玻璃、抛光金属板等材料。

第二十二条 建筑外门窗应当与主体结构可靠连接，固定节点应当满足在风荷载和地震荷载作用下的受力要求。

第五章　附加设备与附加设施

第二十三条 本规定所称附加设备包括空调设备、太阳能设备、空气能设备等附加在建筑外立面上的设备；附加设施是指设置在建筑外立面上，用于封闭、防盗、防护、晾晒、遮阳和摆设饰品、安装附加设备等的构配件。

第二十四条 附加设备、附加设施的设置应当便于安装、清洁、维护和局部更换，与建筑物有可靠连接，满足安全要求并符合相关市容环境管理规定。

第二十五条 附加设备、附加设施不得占用人行道和建筑物内的出入口、过道、楼梯等共用部位以及其他用于安全疏散和施救的通道。

沿道路、公共通道两侧和公共活动场地周边的建筑外立面设置安装附加设施的，附加设施的底部距地面高度不小于2.5米。

第二十六条 附加设施安装面应当坚固结实，具有足够的承载能力。安装面强度不符合要求的，应当采取相应的加固、支撑或者减震措施。

第二十七条 新建住宅和未使用集中式空调系统的新建公共建筑，应当统一设计设置专门用于安装空调设备的座板（以下称空调设备座板）和空调冷凝水排水管道或者接纳空调冷凝水的阳台排水系统（以下统称空调冷凝水排水管道）。

空调设备座板的数量和尺寸应当与房间数量和房屋面积相匹配。

第二十八条　已经统一设置空调设备位置的，应当将空调设备安装在所设置的位置上。

已经设置空调冷凝水排水管道的，应当将空调冷凝水排入空调冷凝水排水管道。不得将空调冷凝水直接排放到临街一侧的建筑物外墙面和室外地面上。

第二十九条　新建建筑采用太阳能、空气能等附加设备的，设计单位应当在设计文件中设计并标注附加设备安装的位置，施工单位应当按照设计文件进行施工。

设计设置附加设备位置应当兼顾设备安装、维护、通风、排水等内容及其对建筑外观、周围环境的影响。

第三十条　建筑外立面需要安装防盗防护设施的，不得超出建筑物外墙设置，并符合消防安全的相关要求。

第三十一条　本市主次干道两侧的新建高层建筑，临街一侧的阳台应当设计为封闭形式。

既有建筑在装修过程中需要封闭阳台的，不得超出栏板（杆）设置。

第三十二条　对在本市主次干道和主要道路两侧建筑外立面上安装空调设备、防盗防护设施等附加设备、附加设施以及封闭阳台的具体要求，应当纳入本市城市容貌标准。建筑外立面附加设备、附加设施的所有人、使用人应当按照本市城市容貌标准的要求，进行建筑外立面装饰装修。

第三十三条　物业管理区域内的业主大会制定的管理规约或

者开发建设单位制定的临时管理规约，应当对空调设备、防盗防护设施等附加设备、附加设施的安装以及阳台封闭进行统一规定。

市建设行政主管部门应当加强对建筑外立面装饰装修行为的管理，并制定管理规约、临时管理规约的示范文本，将有关建筑外立面装饰装修的具体要求纳入其中。

物业服务企业依法督促有关管理规约、临时管理规约的实施。

第三十四条 阳台、露台、外走廊等部位使用玻璃栏板的，应当使用安全玻璃，并采取防止玻璃爆裂、脱落措施；不得使用直接以玻璃作为主要受力构件的插夹式悬臂玻璃栏板和外挂式的玻璃栏板。

第三十五条 在阳台、外窗窗台原设计具有花槽、花台等专用设施摆设花盆等饰品的，应当处理好安全、排水等问题；不得在无专用设施的阳台栏板、外窗窗台外侧摆设花盆等饰品。

第三十六条 新建、改建、扩建建筑的外立面管线及箱柜应当保持整洁、美观。

第三十七条 标志性建筑、重要区域的建筑和其他对城市夜景影响较大的建筑的夜景灯光，应当与建筑物同步设计、同步施工、同步验收。

在建筑外立面设置大型灯具，应当符合美观、整洁、环保的要求，并配备防水、防火、防风、防漏电、防爆等保护措施，保证设置牢固和使用安全。

第六章 罚 则

第三十八条 违反本规定，有下列情形之一的，由建设行政主管部门责令限期改正；逾期未改正的，处 2000 元以上 10000 元以下罚款：

（一）违反第十五条第一款规定，设计单位设计采用粘贴饰面砖（板）的；

（二）违反第十五条第二款、第三款规定、第十七条规定，设计单位未设计遮挡防护设施或者未设计缓冲区域的；

（三）违反第十八条第一款规定，施工单位未在建设工程竣工验收时向建设单位移交建筑幕墙使用说明书的；

（四）违反第二十七条、第二十九规定，设计单位未设计附加设备安装位置及配套设施的。

前款规定的行政处罚，法律、法规另有规定的，从其规定。

第三十九条 违反本规定第三十二条规定，建筑外立面附加设备、附加设施的所有人、使用人未按照城市容貌标准进行建筑外立面装饰装修的，由城市管理行政执法部门依照《厦门市市容环境卫生管理条例》相关规定予以处理。

第四十条 物业管理区域内建筑外立面附加设备、附加设施的所有人、使用人违反有关建筑外立面装饰装修规定的，物业服务企业应当立即制止，并及时报告城市管理行政执法部门，由城市管理行政执法部门依法处理。

第四十一条 建设行政主管部门以及其他有关行政管理部门的工作人员玩忽职守、滥用职权、徇私舞弊的，依法给予行政处分；构成犯罪的，依法追究刑事责任。

第七章 附 则

第四十二条 列入文物保护的建筑、历史风貌建筑、古建筑外立面的装饰装修活动，法律、法规另有规定的，从其规定。

军事工程、保密设施工程，以及农村自建住房等建筑外立面的装饰装修活动，不适用本规定。

第四十三条 本规定自 2013 年 4 月 1 日起施行。1999 年 1 月 7 日厦门市人民政府令第 78 号公布，根据 2012 年 3 月 8 日厦门市人民政府令第 148 号公布的《厦门市人民政府关于废止和修改部分市政府规章的决定》修正的《厦门市建筑外墙装饰管理暂行规定》同时废止。

家庭居室装饰装修
管理试行办法

（1997 年 4 月 15 日中华人民共和国建设部发布）

第一章　总　则

第一条　为了加强家庭居室装饰装修管理，保证家庭居室装饰装修工程质量，维护各方当事人的合法权益，根据有关规定，制定本办法。

第二条　本办法所称家庭居室装饰装修，是指居民为改善自己的居住环境，自行或者委托他人对居住的房屋进行修饰处理的工程建设活动。

第三条　凡对家庭居室进行装饰装修和承接家庭居室装饰装修的单位及个人，应当遵守本办法。

第四条　房屋所有人、使用人进行家庭居室装饰装修，凡涉及拆改主体结构和明显加大荷载的，必须按照建设部令第 46 号《建筑装饰装修管理规定》第八条规定的程序办理；进行简易装饰装修（如仅作面层涂料、贴墙低、铺面砖等）的，应当到房屋产权单位或物业管理单位登记备案。第五条国务院建设行政主管部门归口管理全国家庭居室装饰装修的管理。

县级以上地方人民政府建设行政主管部门归口管理本行政区域家庭居室装饰装修的管理。

第二章　家庭居室装饰
装修市场管理

第六条　凡承接家庭居室装饰装修工程的单位，应当持有建设行政主管部门颁发的具有建筑装饰装修工程承包范围的《建筑业企业资质证书》。

对于承接家庭居室装饰装修工程的个体装饰装修从业者，应当持所在地乡镇以上人民政府有关主管部门出具的务工证明、本人身份证、暂时居住证，向工程所在地的建设行政主管部门或者其指定的机构登记备案，实行"登记注册、培训考核、技能鉴定、持证上岗"的制度。具体办法由省、自治区、直辖市人民政府建设行政主管部门制订。

第七条　凡没有《建筑业企业资质证书》或者建设行政主管部门发放的个体装饰装修从业者上岗证书的单位和个人，不得承接家庭居室装饰装修工程。

第八条　从事家庭居室装饰装修的单位和个人应当遵循以下规则：

（一）采用的装饰材料不得以次充好、弄虚作假；

（二）施工应符合有关规范要求，不得偷工减料、粗制滥造；

（三）不得野蛮施工，危及建筑物自身的安全；

（四）不得欺行霸市、强迫交易；

（五）不得冒用其他企业名称和商标；

（六）不得损害居民和其他经营者权益；

（七）国家和地方规定和其他规则。

第九条 有条件的城市可逐步建立家庭居室装饰装修交易市场，为开展家庭居室装饰装修材料营销、装饰承包等活动提供交易场所。建设行政主管部门要加强对家庭居室装饰装修交易市场的管理。

家庭居室装饰装修交易市场可以开展信息咨询、投诉、质量评估等服务，以满足家庭居室装饰装修消费者和经营者的需求。

第三章　家庭居室装饰装修
工程质量管理

第十条 除自行装饰装修外，居民对于家庭居室装饰装修工程应当选择并委托具有《建筑业企业资质证书》的施工单位，或者具有个体装饰从业者上岗证书个人进行。

第十一条 进行家庭居室装饰装修，不得随意在承重墙上穿洞，拆除连接阳台门窗的墙体，扩大原有门窗尺寸或者另建门窗；不得随意增加楼地面静荷载，在室内砌墙或者超负荷吊顶、安装大型灯具及吊扇；不得任意刨凿顶板，不经穿管直接埋设电线或者改线；不得破坏或者拆改厨房、厕所的地面防水层，以及水、暖、电、煤气等配套设施；不得大量使用易燃装饰材料等。

第十二条 家庭居室装饰装工程可以委托有关质量监督机构进行监督，并按照规定支付监督费用。

第四章 家庭居室装饰装修
合同与价格管理

第十三条 实行委托的家庭居室装饰装修，委托人和被委托人应当遵循诚实、平等、公平、自愿的原则，遵照国家和地方的有关规定，签订家庭居室装饰装修合同。

家庭居室装饰装修合同应当包括以下内容：

（一）委托人和被委托人的姓名或者单位名称、住所地址、联系电话、邮政编码，其中个体装装修从业者还应当填写本人身份证和个体装饰装修从业者上岗证书的号码；

（二）家庭居室装饰装修的间数、面积、装饰装修的项目、方式、规格、质量要求以及质量验收方式；

（三）装饰装修工程的开工、完工时间；

（四）工程保修内容、期限；

（五）装饰工程价格及支付的方式、时间；

（六）合同变更和解除的条件；

（七）违约责任及解决纠纷的途径；

（八）合同的生效方式；

（九）双方认为需要明确的其他条款。

第十四条 家庭居室装饰装修工程的价格，根据市场竞争、优质优价的原则，由委托人和被委托人在合同中约定。

第十五条 家庭居室装饰装修纠纷，可以向当地建设行政主管部门或者其指定的机构进行投诉，也可以向当地人民法院提起民事诉讼。

第五章　家庭居室装饰装修
作业现场管理

第十六条　家庭居室装饰装修不论是自行进行还是委托他人进行，都应当采取有效措施，减轻或者避免对相邻居民正常生活所造成的影响。

第十七条　承接家庭居室装饰装修工程的单位和个人，应当采取必要的安全防护和消防措施，保障作业人员和相邻居民的安全。

第十八条　家庭居室装饰装修所形成的各种废弃物，应当按照有关部门指定的位置、方式和时间进行堆放及清运。严禁从楼上向地面或由垃圾道、下水道抛弃因装饰装修居室而产生的废弃物及其他物品。

第十九条　因进行家庭居室装饰装修而造成相邻居民住房的管道堵塞、渗漏水、停电、物品毁坏等，应由家庭居室装饰装修的委托人负责修复和赔偿；如属被委托人的责任，由委托人找被委托人负责修复和赔偿。

第六章　附　则

第二十条　省、自治区、直辖市人民政府建设行政主管部门可以依据本办法，制定实施细则。

第二十一条　本办法自发布之日起试行。

住宅专项维修资金管理办法

中华人民共和国建设部
中华人民共和国财政部令
第 165 号

《住宅专项维修资金管理办法》已经 2007 年 10 月 30 日建设部第 142 次常务会议讨论通过，经财政部联合签署，现予发布，自 2008 年 2 月 1 日起施行。

建设部部长
财政部部长
二〇〇七年十二月四日

第一章 总 则

第一条 为了加强对住宅专项维修资金的管理，保障住宅共用部位、共用设施设备的维修和正常使用，维护住宅专项维修资金所有者的合法权益，根据《物权法》、《物业管理条例》等法律、行政法规，制定本办法。

第二条　商品住宅、售后公有住房住宅专项维修资金的交存、使用、管理和监督，适用本办法。

本办法所称住宅专项维修资金，是指专项用于住宅共用部位、共用设施设备保修期满后的维修和更新、改造的资金。

第三条　本办法所称住宅共用部位，是指根据法律、法规和房屋买卖合同，由单幢住宅内业主或者单幢住宅内业主及与之结构相连的非住宅业主共有的部位，一般包括：住宅的基础、承重墙体、柱、梁、楼板、屋顶以及户外的墙面、门厅、楼梯间、走廊通道等。

本办法所称共用设施设备，是指根据法律、法规和房屋买卖合同，由住宅业主或者住宅业主及有关非住宅业主共有的附属设施设备，一般包括电梯、天线、照明、消防设施、绿地、道路、路灯、沟渠、池、井、非经营性车场车库、公益性文体设施和共用设施设备使用的房屋等。

第四条　住宅专项维修资金管理实行专户存储、专款专用、所有权人决策、政府监督的原则。

第五条　国务院建设主管部门会同国务院财政部门负责全国住宅专项维修资金的指导和监督工作。

县级以上地方人民政府建设（房地产）主管部门会同同级财政部门负责本行政区域内住宅专项维修资金的指导和监督工作。

第二章　交　存

第六条　下列物业的业主应当按照本办法的规定交存住宅专项维修资金：

（一）住宅，但一个业主所有且与其他物业不具有共用部位、共用设施设备的除外；

（二）住宅小区内的非住宅或者住宅小区外与单幢住宅结构相连的非住宅。

前款所列物业属于出售公有住房的，售房单位应当按照本办法的规定交存住宅专项维修资金。

第七条 商品住宅的业主、非住宅的业主按照所拥有物业的建筑面积交存住宅专项维修资金，每平方米建筑面积交存首期住宅专项维修资金的数额为当地住宅建筑安装工程每平方米造价的5%至8%。

直辖市、市、县人民政府建设（房地产）主管部门应当根据本地区情况，合理确定、公布每平方米建筑面积交存首期住宅专项维修资金的数额，并适时调整。

第八条 出售公有住房的，按照下列规定交存住宅专项维修资金：

（一）业主按照所拥有物业的建筑面积交存住宅专项维修资金，每平方米建筑面积交存首期住宅专项维修资金的数额为当地房改成本价的2%。

（二）售房单位按照多层住宅不低于售房款的20%、高层住宅不低于售房款的30%，从售房款中一次性提取住宅专项维修资金。

第九条 业主交存的住宅专项维修资金属于业主所有。

从公有住房售房款中提取的住宅专项维修资金属于公有住房售房单位所有。

第十条 业主大会成立前，商品住宅业主、非住宅业主交存的住宅专项维修资金，由物业所在地直辖市、市、县人民政府建设（房地产）主管部门代管。

直辖市、市、县人民政府建设（房地产）主管部门应当委托所在地一家商业银行，作为本行政区域内住宅专项维修资金的专户管理银行，并在专户管理银行开立住宅专项维修资金专户。

开立住宅专项维修资金专户，应当以物业管理区域为单位设账，按房屋户门号设分户账；未划定物业管理区域的，以幢为单位设账，按房屋户门号设分户账。

第十一条 业主大会成立前，已售公有住房住宅专项维修资金，由物业所在地直辖市、市、县人民政府财政部门或者建设（房地产）主管部门负责管理。

负责管理公有住房住宅专项维修资金的部门应当委托所在地一家商业银行，作为本行政区域内公有住房住宅专项维修资金的专户管理银行，并在专户管理银行开立公有住房住宅专项维修资金专户。

开立公有住房住宅专项维修资金专户，应当按照售房单位设账，按幢设分账；其中，业主交存的住宅专项维修资金，按房屋户门号设分户帐。

第十二条 商品住宅的业主应当在办理房屋入住手续前，将首期住宅专项维修资金存入住宅专项维修资金专户。

已售公有住房的业主应当在办理房屋入住手续前，将首期住宅专项维修资金存入公有住房住宅专项维修资金专户或者交由售房单位存入公有住房住宅专项维修资金专户。

公有住房售房单位应当在收到售房款之日起 30 日内，将提取的住宅专项维修资金存入公有住房住宅专项维修资金专户。

第十三条 未按本办法规定交存首期住宅专项维修资金的，开发建设单位或者公有住房售房单位不得将房屋交付购买人。

第十四条 专户管理银行、代收住宅专项维修资金的售房单位应当出具由财政部或者省、自治区、直辖市人民政府财政部门统一监制的住宅专项维修资金专用票据。

第十五条 业主大会成立后，应当按照下列规定划转业主交存的住宅专项维修资金：

（一）业主大会应当委托所在地一家商业银行作为本物业管理区域内住宅专项维修资金的专户管理银行，并在专户管理银行开立住宅专项维修资金专户。

开立住宅专项维修资金专户，应当以物业管理区域为单位设账，按房屋户门号设分户账。

（二）业主委员会应当通知所在地直辖市、市、县人民政府建设（房地产）主管部门；涉及已售公有住房的，应当通知负责管理公有住房住宅专项维修资金的部门。

（三）直辖市、市、县人民政府建设（房地产）主管部门或者负责管理公有住房住宅专项维修资金的部门应当在收到通知之日起30日内，通知专户管理银行将该物业管理区域内业主交存的住宅专项维修资金账面余额划转至业主大会开立的住宅专项维修资金账户，并将有关账目等移交业主委员会。

第十六条 住宅专项维修资金划转后的账目管理单位，由业主大会决定。业主大会应当建立住宅专项维修资金管理制度。

业主大会开立的住宅专项维修资金账户，应当接受所在地直辖市、市、县人民政府建设（房地产）主管部门的监督。

第十七条 业主分户账面住宅专项维修资金余额不足首期交存额30%的，应当及时续交。

成立业主大会的，续交方案由业主大会决定。

未成立业主大会的，续交的具体管理办法由直辖市、市、县人民政府建设（房地产）主管部门会同同级财政部门制定。

第三章　使　用

第十八条　住宅专项维修资金应当专项用于住宅共用部位、共用设施设备保修期满后的维修和更新、改造，不得挪作他用。

第十九条　住宅专项维修资金的使用，应当遵循方便快捷、公开透明、受益人和负担人相一致的原则。

第二十条　住宅共用部位、共用设施设备的维修和更新、改造费用，按照下列规定分摊：

（一）商品住宅之间或者商品住宅与非住宅之间共用部位、共用设施设备的维修和更新、改造费用，由相关业主按照各自拥有物业建筑面积的比例分摊。

（二）售后公有住房之间共用部位、共用设施设备的维修和更新、改造费用，由相关业主和公有住房售房单位按照所交存住宅专项维修资金的比例分摊；其中，应由业主承担的，再由相关业主按照各自拥有物业建筑面积的比例分摊。

（三）售后公有住房与商品住宅或者非住宅之间共用部位、共用设施设备的维修和更新、改造费用，先按照建筑面积比例分摊到各相关物业。其中，售后公有住房应分摊的费用，再由相关业主和公有住房售房单位按照所交存住宅专项维修资金的比例分摊。

第二十一条　住宅共用部位、共用设施设备维修和更新、改造，涉及尚未售出的商品住宅、非住宅或者公有住房的，开发建设单位或者公有住房单位应当按照尚未售出商品住宅或者公有住房的建筑面积，分摊维修和更新、改造费用。

第二十二条　住宅专项维修资金划转业主大会管理前，需要使用住宅专项维修资金的，按照以下程序办理：

（一）物业服务企业根据维修和更新、改造项目提出使用建议；没有物业服务企业的，由相关业主提出使用建议；

（二）住宅专项维修资金列支范围内专有部分占建筑物总面积三分之二以上的业主且占总人数三分之二以上的业主讨论通过使用建议；

（三）物业服务企业或者相关业主组织实施使用方案；

（四）物业服务企业或者相关业主持有关材料，向所在地直辖市、市、县人民政府建设（房地产）主管部门申请列支；其中，动用公有住房住宅专项维修资金的，向负责管理公有住房住宅专项维修资金的部门申请列支；

（五）直辖市、市、县人民政府建设（房地产）主管部门或者负责管理公有住房住宅专项维修资金的部门审核同意后，向专户管理银行发出划转住宅专项维修资金的通知；

（六）专户管理银行将所需住宅专项维修资金划转至维修单位。

第二十三条　住宅专项维修资金划转业主大会管理后，需要使用住宅专项维修资金的，按照以下程序办理：

（一）物业服务企业提出使用方案，使用方案应当包括拟维修和更新、改造的项目、费用预算、列支范围、发生危及房屋安全等紧急情况以及其他需临时使用住宅专项维修资金的情况的处置办法等；

（二）业主大会依法通过使用方案；

（三）物业服务企业组织实施使用方案；

（四）物业服务企业持有关材料向业主委员会提出列支住宅专项维修资金；其中，动用公有住房住宅专项维修资金的，向负责管理公有住房住宅专项维修资金的部门申请列支；

（五）业主委员会依据使用方案审核同意，并报直辖市、市、县人民政府建设（房地产）主管部门备案；动用公有住房住宅专项维修资金的，经负责管理公有住房住宅专项维修资金的部门审核同意；直辖市、市、县人民政府建设（房地产）主管部门或者负责管理公有住房住宅专项维修资金的部门发现不符合有关法律、法规、规章和使用方案的，应当责令改正；

（六）业主委员会、负责管理公有住房住宅专项维修资金的部门向专户管理银行发出划转住宅专项维修资金的通知；

（七）专户管理银行将所需住宅专项维修资金划转至维修单位。

第二十四条 发生危及房屋安全等紧急情况，需要立即对住宅共用部位、共用设施设备进行维修和更新、改造的，按照以下规定列支住宅专项维修资金：

（一）住宅专项维修资金划转业主大会管理前，按照本办法第二十二条第四项、第五项、第六项的规定办理；

（二）住宅专项维修资金划转业主大会管理后，按照本办法第二十三条第四项、第五项、第六项和第七项的规定办理。

发生前款情况后，未按规定实施维修和更新、改造的，直辖市、市、县人民政府建设（房地产）主管部门可以组织代修，维修费用从相关业主住宅专项维修资金分户账中列支；其中，涉及已售公有住房的，还应当从公有住房住宅专项维修资金中列支。

第二十五条 下列费用不得从住宅专项维修资金中列支：

（一）依法应当由建设单位或者施工单位承担的住宅共用部位、共用设施设备维修、更新和改造费用；

（二）依法应当由相关单位承担的供水、供电、供气、供热、通讯、有线电视等管线和设施设备的维修、养护费用；

（三）应当由当事人承担的因人为损坏住宅共用部位、共用设施设备所需的修复费用；

（四）根据物业服务合同约定，应当由物业服务企业承担的住宅共用部位、共用设施设备的维修和养护费用。

第二十六条 在保证住宅专项维修资金正常使用的前提下，可以按照国家有关规定将住宅专项维修资金用于购买国债。

利用住宅专项维修资金购买国债，应当在银行间债券市场或者商业银行柜台市场购买一级市场新发行的国债，并持有到期。

利用业主交存的住宅专项维修资金购买国债的，应当经业主大会同意；未成立业主大会的，应当经专有部分占建筑物总面积三分之二以上的业主且占总人数三分之二以上业主同意。

利用从公有住房售房款中提取的住宅专项维修资金购买国债的，应当根据售房单位的财政隶属关系，报经同级财政部门同意。

禁止利用住宅专项维修资金从事国债回购、委托理财业务或者将购买的国债用于质押、抵押等担保行为。

第二十七条 下列资金应当转入住宅专项维修资金滚存使用：

（一）住宅专项维修资金的存储利息；

（二）利用住宅专项维修资金购买国债的增值收益；

（三）利用住宅共用部位、共用设施设备进行经营的，业主所得收益，但业主大会另有决定的除外；

（四）住宅共用设施设备报废后回收的残值。

第四章　监督管理

第二十八条 房屋所有权转让时，业主应当向受让人说明住宅专项维修资金交存和结余情况并出具有效证明，该房屋分户账中结余的住宅专项维修资金随房屋所有权同时过户。

受让人应当持住宅专项维修资金过户的协议、房屋权属证书、身份证等到专户管理银行办理分户账更名手续。

第二十九条 房屋灭失的，按照以下规定返还住宅专项维修资金：

（一）房屋分户账中结余的住宅专项维修资金返还业主；

（二）售房单位交存的住宅专项维修资金账面余额返还售房单位；售房单位不存在的，按照售房单位财务隶属关系，收缴同级国库。

第三十条 直辖市、市、县人民政府建设（房地产）主管部门，负责管理公有住房住宅专项维修资金的部门及业主委员会，应当每年至少一次与专户管理银行核对住宅专项维修资金账目，并向业主、公有住房售房单位公布下列情况：

（一）住宅专项维修资金交存、使用、增值收益和结存的总额；

（二）发生列支的项目、费用和分摊情况；

（三）业主、公有住房售房单位分户账中住宅专项维修资金交存、使用、增值收益和结存的金额；

（四）其他有关住宅专项维修资金使用和管理的情况。

业主、公有住房售房单位对公布的情况有异议的，可以要求复核。

第三十一条 专户管理银行应当每年至少一次向直辖市、市、县人民政府建设（房地产）主管部门，负责管理公有住房住宅专项维修资金的部门及业主委员会发送住宅专项维修资金对账单。

直辖市、市、县建设（房地产）主管部门，负责管理公有住房住宅专项维修资金的部门及业主委员会对资金账户变化情况有异议的，可以要求专户管理银行进行复核。

专户管理银行应当建立住宅专项维修资金查询制度，接受业主、公有住房售房单位对其分户账中住宅专项维修资金使用、增值收益和账面余额的查询。

第三十二条　住宅专项维修资金的管理和使用，应当依法接受审计部门的审计监督。

第三十三条　住宅专项维修资金的财务管理和会计核算应当执行财政部有关规定。

财政部门应当加强对住宅专项维修资金收支财务管理和会计核算制度执行情况的监督。

第三十四条　住宅专项维修资金专用票据的购领、使用、保存、核销管理，应当按照财政部以及省、自治区、直辖市人民政府财政部门的有关规定执行，并接受财政部门的监督检查。

第五章　法律责任

第三十五条　公有住房售房单位有下列行为之一的，由县级以上地方人民政府财政部门会同同级建设（房地产）主管部门责令限期改正：

（一）未按本办法第八条、第十二条第三款规定交存住宅专项维修资金的；

（二）违反本办法第十三条规定将房屋交付买受人的；

（三）未按本办法第二十一条规定分摊维修、更新和改造费用的。

第三十六条　开发建设单位违反本办法第十三条规定将房屋交付买受人的，由县级以上地方人民政府建设（房地产）主管部门责令限期改正；逾期不改正的，处以3万元以下的罚款。

开发建设单位未按本办法第二十一条规定分摊维修、更新和改造费用的，由县级以上地方人民政府建设（房地产）主管部门责令限期改正；逾期不改正的，处以 1 万元以下的罚款。

第三十七条　违反本办法规定，挪用住宅专项维修资金的，由县级以上地方人民政府建设（房地产）主管部门追回挪用的住宅专项维修资金，没收违法所得，可以并处挪用金额 2 倍以下的罚款；构成犯罪的，依法追究直接负责的主管人员和其他直接责任人员的刑事责任。

物业服务企业挪用住宅专项维修资金，情节严重的，除按前款规定予以处罚外，还应由颁发资质证书的部门吊销资质证书。

直辖市、市、县人民政府建设（房地产）主管部门挪用住宅专项维修资金的，由上一级人民政府建设（房地产）主管部门追回挪用的住宅专项维修资金，对直接负责的主管人员和其他直接责任人员依法给予处分；构成犯罪的，依法追究刑事责任。

直辖市、市、县人民政府财政部门挪用住宅专项维修资金的，由上一级人民政府财政部门追回挪用的住宅专项维修资金，对直接负责的主管人员和其他直接责任人员依法给予处分；构成犯罪的，依法追究刑事责任。

第三十八条　直辖市、市、县人民政府建设（房地产）主管部门违反本办法第二十六条规定的，由上一级人民政府建设（房地产）主管部门责令限期改正，对直接负责的主管人员和其他直接责任人员依法给予处分；造成损失的，依法赔偿；构成犯罪的，依法追究刑事责任。

直辖市、市、县人民政府财政部门违反本办法第二十六条规定的，由上一级人民政府财政部门责令限期改正，对直接负责的主管人员和其他直接责任人员依法给予处分；造成损失的，依法赔偿；构成犯罪的，依法追究刑事责任。

业主大会违反本办法第二十六条规定的，由直辖市、市、县人民政府建设（房地产）主管部门责令改正。

第三十九条　对违反住宅专项维修资金专用票据管理规定的行为，按照《财政违法行为处罚处分条例》的有关规定追究法律责任。

第四十条　县级以上人民政府建设（房地产）主管部门、财政部门及其工作人员利用职务上的便利，收受他人财物或者其他好处，不依法履行监督管理职责，或者发现违法行为不予查处的，依法给予处分；构成犯罪的，依法追究刑事责任。

第六章　附　　则

第四十一条　省、自治区、直辖市人民政府建设（房地产）主管部门会同同级财政部门可以依据本办法，制定实施细则。

第四十二条　本办法实施前，商品住宅、公有住房已经出售但未建立住宅专项维修资金的，应当补建。具体办法由省、自治区、直辖市人民政府建设（房地产）主管部门会同同级财政部门依据本办法制定。

第四十三条　本办法由国务院建设主管部门、财政部门共同解释。

第四十四条　本办法自 2008 年 2 月 1 日起施行，1998 年 12 月 16 日建设部、财政部发布的《住宅共用部位共用设施设备维修基金管理办法》（建住房〔1998〕213 号）同时废止。

附　录

中央国家机关办公用房大中修项目及经费管理暂行办法

国务院机关事务管理局 财政部关于印发
《中央国家机关办公用房大中修项目及经费
管理暂行办法》的通知
国管房地〔2010〕570号

中央国家机关各部门、各单位：

为加强和规范中央国家机关办公用房大中修项目及经费管理，提高资金使用效益，现将《中央国家机关办公用房大中修项目及经费管理暂行办法》印发你们，请遵照执行。执行过程中如遇到新情况、新问题，请及时反馈我们。

国务院机关事务管理局
中华人民共和国财政部
二〇一〇年十二月三十日

第一章 总 则

第一条 为加强和规范中央国家机关办公用房大中修项目及经费管理，提高资金使用效益，根据《国务院办公厅转发国务院机关事务管理局关于改进和加强中央国家机关办公用房管理意见及其实施细则的通知》（国办发〔2001〕58 号）、《财政部关于印发〈中央本级项目支出预算管理办法〉的通知》（财预〔2007〕38 号）等规定，制定本办法。

第二条 国务院办公厅，国务院组成部门、直属特设机构、直属机构、办事机构、部委管理的国家局以及有关人民团体，最高人民法院，最高人民检察院机关（以下统称使用部门）使用的办公用房的大中修项目及经费管理，适用本办法。

第三条 中央国家机关办公用房（以下简称办公用房）大修，是指需牵动或者拆换部分主体结构或者设备，但不需全部拆除的修缮工程。

办公用房中修，是指需牵动或者拆换少量主体构件，进行局部维修，并保持原房屋规模和结构的修缮工程。

办公用房维修分类及大中修标准按照《中央国家机关办公用房维修标准（试行）》（国管房地〔2004〕85 号）执行。

第四条 办公用房大中修应当遵循量力而行、勤俭节约、保证安全、节能环保、经济适用的原则，注重维护和完善使用功能。

第五条 办公用房大中修项目经费是指中央财政安排的用于办公用房大修、中修的专项经费。

办公用房大中修项目经费使用管理应当遵循统筹安排、专款专用、讲求绩效的原则。

第六条 办公用房大中修的内容包括房屋承重、围护、装饰装修、给水排水、供热采暖、空调通风、电气、电梯、建筑智能化等分系统以及办公区内道路、绿化等的大中修。

第七条 办公用房大中修项目经费支出范围包括项目前期费、建筑工程费、安装工程费、设备购置费及其他费用。

项目前期费，是指项目施工前发生的支出，主要包括可行性研究费、设计费等。

建筑工程费，是指在项目施工期内发生的构成建筑产品实体的土建工程、建筑物附属设施安装工程和装饰工程费用。

安装工程费，是指安装电气设备、热力设备等专业设备发生的费用。

设备购置费，是指购置各种能够直接使用并可以独立计价的资产发生的费用。

其他费用，是指在项目施工期内发生的除上述费用以外的费用。

第二章 检查及规划编制

第八条 办公用房的检查分为综合检查和日常检查。

国务院机关事务管理局（以下简称国管局）组织对办公用房进行综合检查，对房屋承重、围护、装饰装修、给水排水、供热采暖、空调通风、电气、电梯、建筑智能化等分系统和建筑节能的情况进行检查，各使用部门应当积极配合。

各使用部门负责本部门的办公用房日常检查，并建立检查维修档案。

国管局根据各使用部门的需求和综合检查情况，编制办公用房大中修规划和年度计划，报财政部备案。

第九条 国管局负责建立办公用房大中修项目库，实行滚动管理。项目库是编制大中修经费预算的重要依据。

第三章 审批及预算申报

第十条 国管局根据办公用房大中修规划和年度计划，结合使用部门实际需求进行研究和论证，组织进行项目评估评审，及时办理立项和初步设计批复。

第十一条 使用部门应当按照部门预算编制要求，将已立项和批复初步设计的下一年度拟实施的办公用房大中修项目编入下一年度部门预算，按照规定随"一上"预算报送财政部，同时抄送国管局。

第十二条 国管局按照规定审核使用部门办公用房大中修项目预算需求，区分轻重缓急，合理筛选排序，统筹提出办公用房大中修年度预算安排建议方案，并按照部门预算时间要求报送财政部。

第十三条 财政部根据国管局提出的办公用房大中修年度预算安排建议方案，按照中央部门预算管理工作规程，审核并下达办公用房大中修项目支出预算。

第四章 项目监管及预算执行

第十四条 项目实施过程中，国管局应当按照建设项目管理、项目概算分解控制、项目工程变更等有关规定，对项目的建设内容、投资、质量和工期等进行监管。

第十五条 办公用房大中修项目经费支出应当严格执行国家有关财务制度，严格按照预算批复的经费使用用途和要求开支，保证项目资金专款专用。

第十六条 办公用房大中修项目支出预算一经批复，预算执行部门不得自行调整。预算执行过程中，预算执行部门应当严格按照项目批复的大中修内容、规模和标准组织实施。如发生项目变更、中止或者终止的，应当按照程序报批，依法进行预算调整。预算执行过程中实行重大事项报告制度。

第十七条 办公用房大中修项目的设计、施工、监理、主要设备材料等采购，应当严格执行政府采购法等有关规定，达到规定限额的应当实行政府采购。

第十八条 办公用房大中修项目资金，应当按照财政资金支付管理的有关规定和工程进度支付，除相关制度规定外，使用部门不得利用自有资金垫付。

第十九条 办公用房大中修项目结转和结余资金按照财政部《中央部门财政拨款结转和结余资金管理办法》（财预〔2010〕7号）进行管理。

第五章 竣工验收和监督检查

第二十条 办公用房大中修项目工程竣工后，预算执行部门应当按照有关规定组织竣工验收，编制项目竣工决算及说明，由国管局审核后报财政部备案。

第二十一条 工程竣工决算后，应当按照规定及时调整资产、财务账目，并在有关统计报告中加以说明。

第二十二条 国管局及使用部门应当按照《中央部门预算支出绩效考评管理办法（试行）》（财预〔2005〕86号）和《财政部关于进一步推进中央部门预算项目支出绩效评价试点工作的通知》（财预〔2009〕390号）有关规定，对符合条件的办公用房大中修项目进行绩效考评，并将考评结果报送财政部。

第二十三条 财政部、国管局应当加强对办公用房大中修项目经费使用情况的监督检查。对违反有关法律、行政法规和财务规章制度的，按照《财政违法行为处罚处分条例》等有关规定追究责任。

第六章　职责分工

第二十四条　财政部主要承担以下职责：

（一）审核办公用房大中修规划；

（二）审核并下达办公用房大中修项目年度预算；

（三）监督检查办公用房大中修项目经费的使用和管理情况；

（四）指导、检查办公用房大中修项目的绩效考评。

第二十五条　国管局主要承担以下职责：

（一）组织对办公用房进行综合检查；

（二）编制办公用房大中修规划和年度计划；

（三）建立和管理办公用房大中修项目库；

（四）组织开展办公用房大中修项目前期工作；

（五）办理办公用房大中修项目立项和初步设计批复；

（六）统筹提出下一年度办公用房大中修预算安排建议方案；

（七）组织办公用房大中修项目绩效考评。

第二十六条　使用部门主要承担以下职责：

（一）根据办公用房实际情况提出办公用房大中修具体需求；

（二）配合国管局做好办公用房维修项目的方案制定和预算编制等前期工作；

（三）组织或者参与办公用房大中修项目实施、竣工验收。

第七章　附　则

第二十七条　本办法由国管局会同财政部解释。

第二十八条　本办法自印发之日起施行。国管局 2006 年 8 月 8 日印发的《中央国家机关办公用房维修管理办法（试行）》（国管房地〔2006〕288 号）同时废止。

住房城乡建设部办公厅、财政部办公厅关于进一步发挥住宅专项维修资金在老旧小区和电梯更新改造中支持作用的通知

建办房〔2015〕52号

各省、自治区住房城乡建设厅、财政厅，直辖市建委（房地局）、财政局，新疆生产建设兵团建设局、财务局：

根据《住宅专项维修资金管理办法》（建设部、财政部令第165号，以下简称《办法》）的有关规定，为进一步发挥住宅专项维修资金（以下简称维修资金）在老旧小区和电梯更新改造中的支持作用，提高维修资金的使用效率，维护维修资金所有者的合法权益，现将有关事项通知如下：

一、用好维修资金，支持老旧小区和电梯更新改造

老旧小区改造，有利于改善人居环境，提升人民群众的生活质量，促进城市的有机更新和持续发展，是惠及百姓的民生工程。老旧电梯更新，有利于方便业主居民的出行，消除电梯运行的安全隐患，保障人民群众的生命财产安全。加大维修资金的投入，是建立老旧小区和电梯更新改造多方资金筹措机制的重要途径，有利于实现物尽其用，提高维修资金使用效率，发挥维修资金在保障住宅共用部位、共用设施设备维修、更新和改造中的积极作用。

二、明确使用范围，突出更新改造的目标重点

维修资金的使用，应当按照《办法》规定的使用范围和分摊规则，遵循方便快捷、公开透明、受益人和负担人相一致的原则。

在老旧小区改造中，维修资金主要用于房屋失修失养、配套设施不全、保温节能缺失、环境脏乱差的住宅小区，改造重点包括以下内容：

（一）房屋本体：屋面及外墙防水、外墙及楼道粉饰、结构抗震加固、门禁系统增设、门窗更换、排水管线更新、建筑节能及保温设施改造等；

（二）配套设施：道路设施修复、路面硬化、照明设施更新、排水设施改造、安全防范设施补建、垃圾收储设施更新、绿化功能提升、助老设施增设等。

在电梯更新中，维修资金主要用于运行时间超过15年的老旧电梯的维修和更换。未配备电梯的老旧住宅，符合国家和地方现行有关规定的，经专有部分占建筑物总面积三分之二以上的业主且占总人数三分之二以上业主（以下简称双三分之二）同意，可以使用维修资金加装电梯。

各地可以根据实际情况确定本地区老旧小区及电梯更新改造的标准和内容。

三、切实履行职责，加强维修资金使用的指导监督

使用维修资金改造老旧小区和更新电梯，应当按照《办法》第二十二条和第二十三条规定的程序办理。在使用维修资金过程中，各地住房城乡建设（房地产）部门应当加强对业主大会、业主委员会和物业服务企业的指导和监督，推行公开招投标方式选聘施工单位，引导第三方专业机构参与审价、监理、验收等使用管理工作，督促业主委员会和物业服务企业履行维修资金的用前表决、工程内容、验收结果及费用分摊等事项的公示义务，保证维修资金使用的公开透明。同时，应当督促建设单位或者公有住房售房单位，分摊未售出商品住宅或者公有住房的更新改造费用，强化落实住房城乡

建设（房地产）部门或者街道办事处、乡镇人民政府组织代修的义务，以保证危及房屋安全的紧急情况发生时，老旧小区和电梯更新改造工作能够及时开展。

使用维修资金更新、加装电梯的，应当接受质监部门的技术指导和监督检查，应当取得质监部门出具的鉴定意见和验收合格证明。

使用维修资金开展老旧小区和电梯更新改造，应当符合财务管理和会计核算制度的有关规定。使用由财政部门负责管理的已售公有住房维修资金，业主委员会、物业服务企业或者公有住房售房单位应当向财政部门申请列支。

维修资金的使用和管理，应当依法接受审计部门的审计监督，并向社会公开审计结果。

四、优化表决规则，提高业主组织的决策效率

在老旧小区和电梯更新改造中使用维修资金，为解决业主"双三分之二"表决难题，降低业主大会和业主委员会的决策成本，提高业主使用维修资金的决策效率，各地可以根据《业主大会和业主委员会指导规则》（建房〔2009〕274号）的有关规定，指导业主大会在管理规约和业主大会议事规则中约定以下表决方式：

（一）委托表决：业主将一定时期内维修资金使用事项的表决权，以书面形式委托给业主委员会或者业主代表行使；

（二）集合表决：业主大会对特定范围内的维修资金的使用事项，采取一次性集合表决通过后，授权业主委员会或者物业服务企业分批使用；

（三）默认表决：业主大会约定将未参与投票的业主视为同意维修资金使用事项，相应投票权数计入已投的赞成票；

（四）异议表决：在维修资金使用事项中，持反对意见的业主专有部分占建筑物总面积三分之一以下且占总人数三分之一以下的，视为表决通过。

五、确保应急维修，及时消除房屋使用安全隐患

发生下列危及房屋使用和人身财产安全的紧急情况，需要使用维修资金对老旧小区和电梯立即进行更新改造的，可以不经过业主"双三分之二"表决同意，直接申请使用维修资金：

（一）电梯故障；

（二）消防设施故障；

（三）屋面、外墙渗漏；

（四）二次供水水泵运行中断；

（五）排水设施堵塞、爆裂；

（六）楼体外立面存在脱落危险；

（七）其他危及房屋使用和人身财产安全的紧急情况。

老旧小区和电梯更新改造需要应急使用维修资金的，业主委员会、物业服务企业或者公有住房售房单位向物业所在地的住房城乡建设（房地产）部门、公有住房维修资金管理部门提出申请。

没有业主委员会、物业服务企业或者公有住房售房单位的，可以由社区居民委员会提出申请，住房城乡建设（房地产）部门或者街道办事处、乡镇人民政府组织代修，代修费用从维修资金账户中列支。

住房城乡建设（房地产）部门、公有住房维修资金管理部门应当在接到应急使用维修资金申请后3个工作日内作出审核决定。应急维修工程竣工验收后，组织维修的单位应当将使用维修资金总额及业主分摊情况在住宅小区内的显著位置公示。

六、建设信息平台，保障业主的参与权和监督权

各地应当充分利用移动互联网、大数据和云计算等现代网络信息技术，建设业主共同决策电子平台，便于业主通过计算机和手机等电子工具参与小区共同事务决策，提高业主参与维修资金使用表决的投票率，保证计票的准确率，解决业主到场投票表决的难题。

各地维修资金管理部门应当建立统一的维修资金信息管理系统，推进维修资金归集、使用、核算、查询和监督等工作的信息化和网络化，逐步实现维修资金管理流程规范化、过程要件格式化、监督管理透明化，开辟方便快捷的查询渠道，切实保障业主维修资金的知情权和监督权。

为加大维修资金使用管理的公开力度，各地维修资金管理部门应当建立维修资金公告制度，将本地区年度维修资金交存、支出、增值和结余等情况在当地政府网站、报刊等媒体上进行公告。各地住房城乡建设（房地产）主管部门应当指导监督业主委员会、物业服务企业建立维修资金公示制度，将本小区年度维修资金使用、增值和结余等情况在住宅小区内的显著位置公示。

七、加强统计分析，改革创新维修资金使用管理制度

2014 年开始建立的维修资金归集、使用、增值和管理数据统计制度，是全面摸清维修资金底数，及时掌握维修资金管理动态信息，辅助维修资金监管工作和完善维修资金法规政策的基础性工作。各地维修资金管理部门应当高度重视此项工作，完善维修资金统计制度和信息报送制度，加强维修资金管理的动态监测和分析，全面、准确、及时汇总上报维修资金基础性数据信息。

在加大维修资金对老旧小区和电梯更新改造的支持力度的

同时，各地应当以当前维修资金使用管理中存在的问题为导向，借鉴国内外先进经验，根据本地的实际情况，积极探索在维修资金使用中引入商业保险，在专户银行选择中引入市场竞争机制等制度创新，进一步发挥维修资金对于保障住房正常使用的积极作用。

中华人民共和国住房和城乡建设部办公厅

财政部办公厅

2015 年 10 月 17 日

全国普法学习读本

★ ★ ★ ★ ★

最新社会实用法律法规读本

建筑装修法律法规读本

建筑管理法律法规

魏光朴　主编

汕头大学出版社

图书在版编目（CIP）数据

建筑管理法律法规／魏光朴主编 . -- 汕头：汕头
大学出版社，2023.4（重印）
　（建筑装修法律法规读本）
　ISBN 978-7-5658-3240-6

　Ⅰ.①建… Ⅱ.①魏… Ⅲ.①建筑法-基本知识-中
国 Ⅳ.①D922.297

中国版本图书馆 CIP 数据核字（2017）第 300459 号

建筑管理法律法规　　　　　　JIANZHU GUANLI FALÜ FAGUI

主　　编：魏光朴
责任编辑：邹　峰
责任技编：黄东生
封面设计：大华文苑
出版发行：汕头大学出版社
　　　　　广东省汕头市大学路 243 号汕头大学校园内　邮政编码：515063
电　　话：0754-82904613
印　　刷：三河市元兴印务有限公司
开　　本：690mm×960mm 1/16
印　　张：18
字　　数：226 千字
版　　次：2017 年 12 月第 1 版
印　　次：2023 年 4 月第 2 次印刷
定　　价：59.60 元（全 2 册）
ISBN 978-7-5658-3240-6

前 言

习近平总书记指出:"推进全民守法,必须着力增强全民法治观念。要坚持把全民普法和守法作为依法治国的长期基础性工作,采取有力措施加强法制宣传教育。要坚持法治教育从娃娃抓起,把法治教育纳入国民教育体系和精神文明创建内容,由易到难、循序渐进不断增强青少年的规则意识。要健全公民和组织守法信用记录,完善守法诚信褒奖机制和违法失信行为惩戒机制,形成守法光荣、违法可耻的社会氛围,使遵法守法成为全体人民共同追求和自觉行动。"

中共中央、国务院曾经转发了中央宣传部、司法部关于在公民中开展法治宣传教育的规划,并发出通知,要求各地区各部门结合实际认真贯彻执行。通知指出,全民普法和守法是依法治国的长期基础性工作。深入开展法治宣传教育,是全面建成小康社会和新农村的重要保障。

普法规划指出:各地区各部门要根据实际需要,从不同群体的特点出发,因地制宜开展有特色的法治宣传教育坚持集中法治宣传教育与经常性法治宣传教育相结合,深化法律进机关、进乡村、进社区、进学校、进企业、进单位的"法律六进"主题活动,完善工作标准,建立长效机制。

特别是农业、农村和农民问题,始终是关系党和人民事业发展的全局性和根本性问题。党中央、国务院发布的《关于推进社会主义新农村建设的若干意见》中明确提出要"加强农村法制建设,深入开展农村普法教育,增强农民的法制观念,提高农民依法行使权利和履行义务的自觉性。"多年普法实践证明,普及法律知识,提高法制观念，增强全社会依法办事意识具有重要作用。特别是在广大农村进行普法教育，是提高全民法律素质的需要。

多年来，我国在农村实行的改革开放取得了极大成功，农村发生了翻天覆地的变化，广大农民生活水平大大得到了提高。但是，由于历史和社会等原因，现阶段我国一些地区农民文化素质还不高，不学法、不懂法、不守法现象虽然较原来有所改变，但仍有相当一部分群众的法制观念仍很淡化，不懂、不愿借助法律来保护自身权益，这就极易受到不法的侵害，或极易进行违法犯罪活动，严重阻碍了全面建成小康社会和新农村步伐。

为此，根据党和政府的指示精神以及普法规划，特别是根据广大农村农民的现状，在有关部门和专家的指导下，特别编辑了这套《全国普法学习读本》。主要包括了广大人民群众应知应懂、实际实用的法律法规。为了辅导学习，附录还收入了相应法律法规的条例准则、实施细则、解读解答、案例分析等；同时为了突出法律法规的实际实用特点，兼顾地方性和特殊性，附录还收入了部分某些地方性法律法规以及非法律法规的政策文件、管理制度、应用表格等内容，拓展了本书的知识范围，使法律法规更"接地气"，便于读者学习掌握和实际应用。

在众多法律法规中，我们通过甄别，淘汰了废止的，精选了最新的、权威的和全面的。但有部分法律法规有些条款不适应当下情况了，却没有颁布新的，我们又不能擅自改动，只得保留原有条款，但附录却有相应的补充修改意见或通知等。众多法律法规根据不同内容和受众特点，经过归类组合，优化配套。整套普法读本非常全面系统，具有很强的学习性、实用性和指导性，非常适合用于广大农村和城乡普法学习教育与实践指导。总之，是全国全民普法的良好读本。

目　录

中华人民共和国建筑法

第一章　总　则 …………………………………………（1）

第二章　建筑许可 ………………………………………（2）

第三章　建筑工程发包与承包 …………………………（4）

第四章　建筑工程监理 …………………………………（7）

第五章　建筑安全生产管理 ……………………………（8）

第六章　建筑工程质量管理 ……………………………（10）

第七章　法律责任 ………………………………………（12）

第八章　附　则 …………………………………………（15）

附　录

　国务院办公厅关于促进建筑业持续健康发展的意见 ………（16）

　建筑工程施工许可管理办法 …………………………（25）

　国务院办公厅关于大力发展装配式建筑的指导意见 ………（30）

　关于推动建筑市场统一开放的若干规定 ……………（36）

　关于建筑服务等营改增试点政策的通知 ……………（41）

　房屋建筑工程抗震设防管理规定 ……………………（43）

　超限高层建筑工程抗震设防管理规定 ………………（49）

　房屋建筑工程质量保修办法 …………………………（53）

　关于印发《房屋建筑工程质量保修书》

　　（示范文本）的通知 ………………………………（56）

　房屋建筑和市政基础设施工程质量监督管理规定 ………（59）

　房屋建筑和市政基础设施工程施工分包管理办法 ………（63）

房屋建筑和市政基础设施工程竣工验收规定 ……………（67）

房屋建筑和市政基础设施工程竣工验收备案管理办法 ……（71）

房屋建筑工程施工旁站监理管理办法（试行）…………（74）

建筑业企业资质管理规定

第一章　总　　则 ………………………………………（77）

第二章　申请与许可 ……………………………………（79）

第三章　延续与变更 ……………………………………（81）

第四章　监督管理 ………………………………………（83）

第五章　法律责任 ………………………………………（86）

第六章　附　　则 ………………………………………（87）

附　录

　　住房城乡建设部关于建筑业企业资质管理

　　有关问题的通知 ……………………………………（88）

中华人民共和国招标投标法

第一章　总　　则 ………………………………………（90）

第二章　招　　标 ………………………………………（91）

第三章　投　　标 ………………………………………（94）

第四章　开标、评标和中标 ……………………………（96）

第五章　法律责任 ………………………………………（99）

第六章　附　　则 ………………………………………（102）

附　录

　　建筑工程设计招标投标管理办法…………………（104）

　　房屋建筑和市政基础设施工程施工招标投标管理办法……（112）

　　关于进一步加强房屋建筑和市政工程项目招标投标

　　监督管理工作的指导意见…………………………（125）

目录

建筑施工特种作业人员管理规定

第一章　总　则 …………………………………………（130）

第二章　考　核 …………………………………………（131）

第三章　从　业 …………………………………………（133）

第四章　延期复核 ………………………………………（134）

第五章　监督管理 ………………………………………（135）

第六章　附　则 …………………………………………（136）

中华人民共和国建筑法

中华人民共和国主席令
第四十六号

《全国人民代表大会常务委员会关于修改〈中华人民共和国建筑法〉的决定》已由中华人民共和国第十一届全国人民代表大会常务委员会第二十次会议于 2011 年 4 月 22 日通过，现予公布，自 2011 年 7 月 1 日起施行。

中华人民共和国主席 胡锦涛
2011 年 4 月 22 日

(1997 年 11 月 1 日第八届全国人民代表大会常务委员会第二十八次会议通过；根据 2011 年 4 月 22 日第十一届全国人民代表大会常务委员会第二十次会议《关于修改〈中华人民共和国建筑法〉的决定》修正)

第一章 总 则

第一条 为了加强对建筑活动的监督管理，维护建筑市场秩序，保证建筑工程的质量和安全，促进建筑业健康发展，制定本法。

第二条 在中华人民共和国境内从事建筑活动，实施对建筑活动的监督管理，应当遵守本法。

本法所称建筑活动，是指各类房屋建筑及其附属设施的建造和与其配套的线路、管道、设备的安装活动。

第三条 建筑活动应当确保建筑工程质量和安全，符合国家的建筑工程安全标准。

第四条 国家扶持建筑业的发展，支持建筑科学技术研究，提高房屋建筑设计水平，鼓励节约能源和保护环境，提倡采用先进技术、先进设备、先进工艺、新型建筑材料和现代管理方式。

第五条 从事建筑活动应当遵守法律、法规，不得损害社会公共利益和他人的合法权益。

任何单位和个人都不得妨碍和阻挠依法进行的建筑活动。

第六条 国务院建设行政主管部门对全国的建筑活动实施统一监督管理。

第二章 建筑许可

第一节 建筑工程施工许可

第七条 建筑工程开工前，建设单位应当按照国家有关规定向工程所在地县级以上人民政府建设行政主管部门申请领取施工许可证；但是，国务院建设行政主管部门确定的限额以下的小型工程除外。

按照国务院规定的权限和程序批准开工报告的建筑工程，不再领取施工许可证。

第八条 申请领取施工许可证，应当具备下列条件：

（一）已经办理该建筑工程用地批准手续；

（二）在城市规划区的建筑工程，已经取得规划许可证；

（三）需要拆迁的，其拆迁进度符合施工要求；

（四）已经确定建筑施工企业；

（五）有满足施工需要的施工图纸及技术资料；

（六）有保证工程质量和安全的具体措施；

（七）建设资金已经落实；

（八）法律、行政法规规定的其他条件。

建设行政主管部门应当自收到申请之日起十五日内，对符合条件的申请颁发施工许可证。

第九条 建设单位应当自领取施工许可证之日起三个月内开工。因故不能按期开工的，应当向发证机关申请延期；延期以两次为限，每次不超过三个月。既不开工又不申请延期或者超过延期时限的，施工许可证自行废止。

第十条 在建的建筑工程因故中止施工的，建设单位应当自中止施工之日起一个月内，向发证机关报告，并按照规定做好建筑工程的维护管理工作。

建筑工程恢复施工时，应当向发证机关报告；中止施工满一年的工程恢复施工前，建设单位应当报发证机关核验施工许可证。

第十一条 按照国务院有关规定批准开工报告的建筑工程，因故不能按期开工或者中止施工的，应当及时向批准机关报告情况。因故不能按期开工超过六个月的，应当重新办理开工报告的批准手续。

第二节 从业资格

第十二条 从事建筑活动的建筑施工企业、勘察单位、设计单位和工程监理单位，应当具备下列条件：

（一）有符合国家规定的注册资本；

（二）有与其从事的建筑活动相适应的具有法定执业资格的专业技术人员；

（三）有从事相关建筑活动所应有的技术装备；

（四）法律、行政法规规定的其他条件。

第十三条 从事建筑活动的建筑施工企业、勘察单位、设计单位和工程监理单位，按照其拥有的注册资本、专业技术人员、技术装备和已完成的建筑工程业绩等资质条件，划分为不同的资质等级，经资质审查合格，取得相应等级的资质证书后，方可在其资质等级许可的范围内从事建筑活动。

第十四条 从事建筑活动的专业技术人员，应当依法取得相应的执业资格证书，并在执业资格证书许可的范围内从事建筑活动。

第三章 建筑工程发包与承包

第一节 一般规定

第十五条 建筑工程的发包单位与承包单位应当依法订立书面合同，明确双方的权利和义务。

发包单位和承包单位应当全面履行合同约定的义务。不按照合同约定履行义务的，依法承担违约责任。

第十六条 建筑工程发包与承包的招标投标活动，应当遵循公开、公正、平等竞争的原则，择优选择承包单位。

建筑工程的招标投标，本法没有规定的，适用有关招标投标法律的规定。

第十七条 发包单位及其工作人员在建筑工程发包中不得收受贿赂、回扣或者索取其他好处。

承包单位及其工作人员不得利用向发包单位及其工作人员行贿、提供回扣或者给予其他好处等不正当手段承揽工程。

第十八条 建筑工程造价应当按照国家有关规定，由发包单位与承包单位在合同中约定。公开招标发包的，其造价的约定，须遵守招标投标法律的规定。

发包单位应当按照合同的约定，及时拨付工程款项。

第二节　发　包

第十九条　建筑工程依法实行招标发包，对不适于招标发包的可以直接发包。

第二十条　建筑工程实行公开招标的，发包单位应当依照法定程序和方式，发布招标公告，提供载有招标工程的主要技术要求、主要的合同条款、评标的标准和方法以及开标、评标、定标的程序等内容的招标文件。

开标应当在招标文件规定的时间、地点公开进行。开标后应当按照招标文件规定的评标标准和程序对标书进行评价、比较，在具备相应资质条件的投标者中，择优选定中标者。

第二十一条　建筑工程招标的开标、评标、定标由建设单位依法组织实施，并接受有关主管部门的监督。

第二十二条　建筑工程实行招标发包的，发包单位应当将建筑工程发包给依法中标的承包单位。建筑工程实行直接发包的，发包单位应当将建筑工程发包给具有相应资质条件的承包单位。

第二十三条　政府及其所属部门不得滥用行政权力，限定发包单位将招标发包的建筑工程发包给指定的承包单位。

第二十四条　提倡对建筑工程实行总承包，禁止将建筑工程肢解发包。

建筑工程的发包单位可以将建筑工程的勘察、设计、施工、设备采购一并发包给一个工程总承包单位，也可以将建筑工程勘察、设计、施工、设备采购的一项或者多项发包给一个工程总承包单位；但是，不得将应当由一个承包单位完成的建筑工程肢解成若干部分发包给几个承包单位。

第二十五条　按照合同约定，建筑材料、建筑构配件和设备由工程承包单位采购的，发包单位不得指定承包单位购入用于工程的建筑材料、建筑构配件和设备或者指定生产厂、供应商。

第三节　承　包

第二十六条　承包建筑工程的单位应当持有依法取得的资质证书，并在其资质等级许可的业务范围内承揽工程。

禁止建筑施工企业超越本企业资质等级许可的业务范围或者以任何形式用其他建筑施工企业的名义承揽工程。禁止建筑施工企业以任何形式允许其他单位或者个人使用本企业的资质证书、营业执照，以本企业的名义承揽工程。

第二十七条　大型建筑工程或者结构复杂的建筑工程，可以由两个以上的承包单位联合共同承包。共同承包的各方对承包合同的履行承担连带责任。

两个以上不同资质等级的单位实行联合共同承包的，应当按照资质等级低的单位的业务许可范围承揽工程。

第二十八条　禁止承包单位将其承包的全部建筑工程转包给他人，禁止承包单位将其承包的全部建筑工程肢解以后以分包的名义分别转包给他人。

第二十九条　建筑工程总承包单位可以将承包工程中的部分工程发包给具有相应资质条件的分包单位；但是，除总承包合同中约定的分包外，必须经建设单位认可。施工总承包的，建筑工程主体结构的施工必须由总承包单位自行完成。

建筑工程总承包单位按照总承包合同的约定对建设单位负责；分包单位按照分包合同的约定对总承包单位负责。总承包单位和分包单位就分包工程对建设单位承担连带责任。

禁止总承包单位将工程分包给不具备相应资质条件的单位。禁止分包单位将其承包的工程再分包。

第四章　建筑工程监理

第三十条　国家推行建筑工程监理制定。

国务院可以规定实行强制监理的建筑工程的范围。

第三十一条　实行监理的建筑工程，由建设单位委托具有相应资质条件的工程监理单位监理。建设单位与其委托的工程监理单位应当订立书面委托监理合同。

第三十二条　建筑工程监理应当依照法律、行政法规及有关的技术标准、设计文件和建筑工程承包合同，对承包单位在施工质量、建设工期和建设资金使用等方面，代表建设单位实施监督。

工程监理人员认为工程施工不符合工程设计要求、施工技术标准和合同约定的，有权要求建筑施工企业改正。

工程监理人员发现工程设计不符合建筑工程质量标准或者合同约定的质量要求的，应当报告建设单位要求设计单位改正。

第三十三条　实施建筑工程监理前，建设单位应当将委托的工程监理单位、监理的内容及监理权限，书面通知被监理的建筑施工企业。

第三十四条　工程监理单位应当在其资质等级许可的监理范围内，承担工程监理业务。

工程监理单位应当根据建设单位的委托，客观、公正地执行监理任务。

工程监理单位与被监理工程的承包单位以及建筑材料、建筑构配件和设备供应单位不得有隶属关系或者其他利害关系。

工程监理单位不得转让工程监理业务。

第三十五条　工程监理单位不按照委托监理合同的约定履行监理义务，对应当监督检查的项目不检查或者不按照规定检查，给建设单位造成损失的，应当承担相应的赔偿责任。

工程监理单位与承包单位串通，为承包单位谋取非法利益，给建设单位造成损失的，应当与承包单位承担连带赔偿责任。

第五章　建筑安全生产管理

第三十六条　建筑工程安全生产管理必须坚持安全第一、预防为主的方针，建立健全安全生产的责任制度和群防群治制度。

第三十七条　建筑工程设计应当符合按照国家规定制定的建筑安全规程和技术规范，保证工程的安全性能。

第三十八条　建筑施工企业在编制施工组织设计时，应当根据建筑工程的特点制定相应的安全技术措施；对专业性较强的工程项目，应当编制专项安全施工组织设计，并采取安全技术措施。

第三十九条　建筑施工企业应当在施工现场采取维护安全、防范危险、预防火灾等措施；有条件的，应当对施工现场实行封闭管理。

施工现场对毗邻的建筑物、构筑物和特殊作业环境可能造成损害的，建筑施工企业应当采取安全防护措施。

第四十条　建设单位应当向建筑施工企业提供与施工现场相关的地下管线资料，建筑施工企业应当采取措施加以保护。

第四十一条　建筑施工企业应当遵守有关环境保护和安全生产的法律、法规的规定，采取控制和处理施工现场的各种粉尘、废气、废水、固体废物以及噪声、振动对环境的污染和危害的措施。

第四十二条　有下列情形之一的，建设单位应当按照国家有关规定办理申请批准手续：

（一）需要临时占用规划批准范围以外场地的；

（二）可能损坏道路、管线、电力、邮电通讯等公共设施的；

（三）需要临时停水、停电、中断道路交通的；

（四）需要进行爆破作业的；

（五）法律、法规规定需要办理报批手续的其他情形。

第四十三条 建设行政主管部门负责建筑安全生产的管理，并依法接受劳动行政主管部门对建筑安全生产的指导和监督。

第四十四条 建筑施工企业必须依法加强对建筑安全生产的管理，执行安全生产责任制度，采取有效措施，防止伤亡和其他安全生产事故的发生。

建筑施工企业的法定代表人对本企业的安全生产负责。

第四十五条 施工现场安全由建筑施工企业负责。实行施工总承包的，由总承包单位负责。分包单位向总承包单位负责，服从总承包单位对施工现场的安全生产管理。

第四十六条 建筑施工企业应当建立健全劳动安全生产教育培训制度，加强对职工安全生产的教育培训；未经安全生产教育培训的人员，不得上岗作业。

第四十七条 建筑施工企业和作业人员在施工过程中，应当遵守有关安全生产的法律、法规和建筑行业安全规章、规程，不得违章指挥或者违章作业。作业人员有权对影响人身健康的作业程序和作业条件提出改进意见，有权获得安全生产所需的防护用品。作业人员对危及生命安全和人身健康的行为有权提出批评、检举和控告。

第四十八条 建筑施工企业应当依法为职工参加工伤保险缴纳工伤保险费。鼓励企业为从事危险作业的职工办理意外伤害保险，支付保险费。

第四十九条 涉及建筑主体和承重结构变动的装修工程，建设单位应当在施工前委托原设计单位或者具有相应资质条件的设计单位提出设计方案；没有设计方案的，不得施工。

第五十条 房屋拆除应当由具备保证安全条件的建筑施工单位承担，由建筑施工单位负责人对安全负责。

第五十一条 施工中发生事故时，建筑施工企业应当采取紧急措施减少人员伤亡和事故损失，并按照国家有关规定及时向有关部门报告。

第六章　建筑工程质量管理

第五十二条　建筑工程勘察、设计、施工的质量必须符合国家有关建筑工程安全标准的要求，具体管理办法由国务院规定。

有关建筑工程安全的国家标准不能适应确保建筑安全的要求时，应当及时修订。

第五十三条　国家对从事建筑活动的单位推行质量体系认证制度。从事建筑活动的单位根据自愿原则可以向国务院产品质量监督管理部门或者国务院产品质量监督管理部门授权的部门认可的认证机构申请质量体系认证。经认证合格的，由认证机构颁发质量体系认证证书。

第五十四条　建设单位不得以任何理由，要求建筑设计单位或者建筑施工企业在工程设计或者施工作业中，违反法律、行政法规和建筑工程质量、安全标准，降低工程质量。

建筑设计单位和建筑施工企业对建设单位违反前款规定提出的降低工程质量的要求，应当予以拒绝。

第五十五条　建筑工程实行总承包的，工程质量由工程总承包单位负责，总承包单位将建筑工程分包给其他单位的，应当对分包工程的质量与分包单位承担连带责任。分包单位应当接受总承包单位的质量管理。

第五十六条　建筑工程的勘察、设计单位必须对其勘察、设计的质量负责。勘察、设计文件应当符合有关法律、行政法规的规定和建筑工程质量、安全标准、建筑工程勘察、设计技术规范以及合同的约定。设计文件选用的建筑材料、建筑构配件和设备，应当注明其规格、型号、性能等技术指标，其质量要求必须符合国家规定的标准。

第五十七条 建筑设计单位对设计文件选用的建筑材料、建筑构配件和设备，不得指定生产厂、供应商。

第五十八条 建筑施工企业对工程的施工质量负责。

建筑施工企业必须按照工程设计图纸和施工技术标准施工，不得偷工减料。工程设计的修改由原设计单位负责，建筑施工企业不得擅自修改工程设计。

第五十九条 建筑施工企业必须按照工程设计要求、施工技术标准和合同的约定，对建筑材料、建筑构配件和设备进行检验，不合格的不得使用。

第六十条 建筑物在合理使用寿命内，必须确保地基基础工程和主体结构的质量。

建筑工程竣工时，屋顶、墙面不得留有渗漏、开裂等质量缺陷；对已发现的质量缺陷，建筑施工企业应当修复。

第六十一条 交付竣工验收的建筑工程，必须符合规定的建筑工程质量标准，有完整的工程技术经济资料和经签署的工程保修书，并具备国家规定的其他竣工条件。

建筑工程竣工经验收合格后，方可交付使用；未经验收或者验收不合格的，不得交付使用。

第六十二条 建筑工程实行质量保修制度。

建筑工程的保修范围应当包括地基基础工程、主体结构工程、屋面防水工程和其他土建工程，以及电气管线、上下水管线的安装工程，供热、供冷系统工程等项目；保修的期限应当按照保证建筑物合理寿命年限内正常使用，维护使用者合法权益的原则确定。具体的保修范围和最低保修期限由国务院规定。

第六十三条 任何单位和个人对建筑工程的质量事故、质量缺陷都有权向建设行政主管部门或者其他有关部门进行检举、控告、投诉。

第七章　法律责任

第六十四条　违反本法规定，未取得施工许可证或者开工报告未经批准擅自施工的，责令改正，对不符合开工条件的责令停止施工，可以处以罚款。

第六十五条　发包单位将工程发包给不具有相应资质条件的承包单位的，或者违反本法规定将建筑工程肢解发包的，责令改正，处以罚款。

超越本单位资质等级承揽工程的，责令停止违法行为，处以罚款，可以责令停业整顿，降低资质等级；情节严重的，吊销资质证书；有违法所得的，予以没收。

未取得资质证书承揽工程的，予以取缔，并处罚款；有违法所得的，予以没收。

以欺骗手段取得资质证书的，吊销资质证书，处以罚款；构成犯罪的，依法追究刑事责任。

第六十六条　建筑施工企业转让、出借资质证书或者以其他方式允许他人以本企业的名义承揽工程的，责令改正，没收违法所得，并处罚款，可以责令停业整顿，降低资质等级；情节严重的，吊销资质证书。对因该项承揽工程不符合规定的质量标准造成的损失，建筑施工企业与使用本企业名义的单位或者个人承担连带赔偿责任。

第六十七条　承包单位将承包的工程转包的，或者违反本法规定进行分包的，责令改正，没收违法所得，并处罚款，可以责令停业整顿，降低资质等级；情节严重的，吊销资质证书。

承包单位有前款规定的违法行为的，对因转包工程或者违法分包的工程不符合规定的质量标准造成的损失，与接受转包或者分包的单位承担连带赔偿责任。第六十八条在工程发包与承包中索贿、受贿、行贿，构成犯罪的，依法追究刑事责任；不构成犯罪的，分别处以罚款，没收贿赂的财物，对直接负责的主管人员和其他直接责任人员给予处分。

对在工程承包中行贿的承包单位，除依照前款规定处罚外，可以责令停业整顿，降低资质等级或者吊销资质证书。

第六十九条 工程监理单位与建设单位或者建筑施工企业串通，弄虚作假、降低工程质量的，责令改正，处以罚款，降低资质等级或者吊销资质证书；有违法所得的，予以没收；造成损失的，承担连带赔偿责任；构成犯罪的，依法追究刑事责任。

工程监理单位转让监理业务的，责令改正，没收违法所得，可以责令停业整顿，降低资质等级；情节严重的，吊销资质证书。

第七十条 违反本法规定，涉及建筑主体或者承重结构变动的装修工程擅自施工的，责令改正，处以罚款；造成损失的，承担赔偿责任；构成犯罪的，依法追究刑事责任。

第七十一条 建筑施工企业违反本法规定，对建筑安全事故隐患不采取措施予以消除的，责令改正，可以处以罚款；情节严重的，责令停业整顿，降低资质等级或者吊销资质证书；构成犯罪的，依法追究刑事责任。

建筑施工企业的管理人员违章指挥、强令职工冒险作业，因而发生重大伤亡事故或者造成其他严重后果的，依法追究刑事责任。

第七十二条 建设单位违反本法规定，要求建筑设计单位或者建筑施工企业违反建筑工程质量、安全标准，降低工程质量的，责令改正，可以处以罚款；构成犯罪的，依法追究刑事责任。

第七十三条 建筑设计单位不按照建筑工程质量、安全标准进行设计的，责令改正，处以罚款；造成工程质量事故的，责令停业整顿，降低资质等级或者吊销资质证书，没收违法所得，并处罚款；造成损失的，承担赔偿责任；构成犯罪的，依法追究刑事责任。

第七十四条 建筑施工企业在施工中偷工减料的，使用不合格的建筑材料、建筑构配件和设备的，或者有其他不按照工程设计图纸或者施工技术标准施工的行为的，责令改正，处以罚款；情节严重的，责令停业整顿，降低资质等级或者吊销资质证书；造成建筑工程质量不符合规定的质量标准的，负责返工、修理，并赔偿因此造成的损失；构成犯罪的，依法追究刑事责任。

第七十五条 建筑施工企业违反本法规定，不履行保修义务或者拖延履行保修义务的，责令改正，可以处以罚款，并对在保修期内因屋顶、墙面渗漏、开裂等质量缺陷造成的损失，承担赔偿责任。

第七十六条 本法规定的责令停业整顿、降低资质等级和吊销资质证书的行政处罚，由颁发资质证书的机关决定；其他行政处罚，由建设行政主管部门或者有关部门依照法律和国务院规定的职权范围决定。

依照本法规定被吊销资质证书的，由工商行政管理部门吊销其营业执照。

第七十七条 违反本法规定，对不具备相应资质等级条件的单位颁发该等级资质证书的，由其上级机关责令收回所发的资质证书，对直接负责的主管人员和其他直接责任人员给予行政处分；构成犯罪的，依法追究刑事责任。

第七十八条 政府及其所属部门的工作人员违反本法规定，限定发包单位将招标发包的工程发包给指定的承包单位的，由上级机关责令改正；构成犯罪的，依法追究刑事责任。

第七十九条 负责颁发建筑工程施工许可证的部门及其工作人员对不符合施工条件的建筑工程颁发施工许可证的，负责工程质量监督检查或者竣工验收的部门及其工作人员对不合格的建筑工程出具质量合格文件或者按合格工程验收的，由上级机关责令改正，对责任人员给予行政处分；构成犯罪的，依法追究刑事责任；造成损失的，由该部门承担相应的赔偿责任。

第八十条 在建筑物的合理使用寿命内，因建筑工程质量不合格受到损害的，有权向责任者要求赔偿。

第八章 附 则

第八十一条 本法关于施工许可、建筑施工企业资质审查和建筑工程发包、承包、禁止转包，以及建筑工程监理、建筑工程安全和质量管理的规定，适用于其他专业建筑工程的建筑活动，具体办法由国务院规定。

第八十二条 建设行政主管部门和其他有关部门在对建筑活动实施监督管理中，除按照国务院有关规定收取费用外，不得收取其他费用。

第八十三条 省、自治区、直辖市人民政府确定的小型房屋建筑工程的建筑活动，参照本法执行。

依法核定作为文物保护的纪念建筑物和古建筑等的修缮，依照文物保护的有关法律规定执行。

抢险救灾及其他临时性房屋建筑和农民自建低层住宅的建筑活动，不适用本法。

第八十四条 军用房屋建筑工程建筑活动的具体管理办法，由国务院、中央军事委员会依据本法制定。

第八十五条 本法自 1998 年 3 月 1 日起施行。

附　录

国务院办公厅关于促进建筑业
持续健康发展的意见

国办发〔2017〕19号

各省、自治区、直辖市人民政府，国务院各部委、各直属机构：

建筑业是国民经济的支柱产业。改革开放以来，我国建筑业快速发展，建造能力不断增强，产业规模不断扩大，吸纳了大量农村转移劳动力，带动了大量关联产业，对经济社会发展、城乡建设和民生改善作出了重要贡献。但也要看到，建筑业仍然大而不强，监管体制机制不健全、工程建设组织方式落后、建筑设计水平有待提高、质量安全事故时有发生、市场违法违规行为较多、企业核心竞争力不强、工人技能素质偏低等问题较为突出。为贯彻落实《中共中央 国务院关于进一步加强城市规划建设管理工作的若干意见》，进一步深化建筑业"放管服"改革，加快产业升级，促进建筑业持续健康发展，为新型城镇化提供支撑，经国务院同意，现提出以下意见：

一、总体要求

全面贯彻党的十八大和十八届二中、三中、四中、五中、六中全会以及中央经济工作会议、中央城镇化工作会议、中央城市工作会议精神，深入贯彻习近平总书记系列重要讲话精神和治国理政新理念新思想新战略，认真落实党中央、国务院决策部署，统筹推进"五位一体"总体布局和协调推进"四个全面"战略布局，牢固树立和贯彻落实创新、协调、绿色、开放、共享的发展理念，坚持以推进供给侧结构性改革为主线，按照适用、经济、安全、绿色、美观的要求，深化建筑业"放管服"改革，完善监管体制机制，优化市场环境，提升工程质量安全水平，强化队伍建设，增强企业核心竞争力，促进建筑业持续健康发展，打造"中国建造"品牌。

二、深化建筑业简政放权改革

（一）优化资质资格管理

进一步简化工程建设企业资质类别和等级设置，减少不必要的资质认定。选择部分地区开展试点，对信用良好、具有相关专业技术能力、能够提供足额担保的企业，在其资质类别内放宽承揽业务范围限制，同时，加快完善信用体系、工程担保及个人执业资格等相关配套制度，加强事中事后监管。强化个人执业资格管理，明晰注册执业人员的权利、义务和责任，加大执业责任追究力度。有序发展个人执业事务所，推动建立个人执业保险制度。大力推行"互联网+政务服务"，实行"一站式"网上审批，进一步提高建筑领域行政审批效率。

（二）完善招标投标制度

加快修订《工程建设项目招标范围和规模标准规定》，缩小并严格界定必须进行招标的工程建设项目范围，放宽有关规模标准，防止工程建设项目实行招标"一刀切"。在民间投资的房屋建筑工程中，探索由建设单位自主决定发包方式。将依法必须招标的工程建设项目纳入统一的公共资源交易平台，遵循公平、公正、公开和诚信的原则，规范招标投标行为。进一步简化招标投标程序，尽快实现招标投标交易全过程电子化，推行网上异地评标。对依法通过竞争性谈判或单一来源方式确定供应商的政府采购工程建设项目，符合相应条件的应当颁发施工许可证。

三、完善工程建设组织模式

（三）加快推行工程总承包

装配式建筑原则上应采用工程总承包模式。政府投资工程应完善建设管理模式，带头推行工程总承包。加快完善工程总承包相关的招标投标、施工许可、竣工验收等制度规定。按照总承包负总责的原则，落实工程总承包单位在工程质量安全、进度控制、成本管理等方面的责任。除以暂估价形式包括在工程总承包范围内且依法必须进行招标的项目外，工程总承包单位可以直接发包总承包合同中涵盖的其他专业业务。

（四）培育全过程工程咨询

鼓励投资咨询、勘察、设计、监理、招标代理、造价等企业采取联合经营、并购重组等方式发展全过程工程咨询，培育一批具有国际水平的全过程工程咨询企业。制定全过程工程咨询服务技术标准和合同范本。政府投资工程应带头推行全过程工程咨询，鼓励非政府投资工程委托全过程工程咨询服务。在民用建筑项目中，充分发挥建筑师的主导作用，鼓励提供全过程工程咨询服务。

四、加强工程质量安全管理

（五）严格落实工程质量责任

全面落实各方主体的工程质量责任，特别要强化建设单位的首要责任和勘察、设计、施工单位的主体责任。严格执行工程质量终身责任制，在建筑物明显部位设置永久性标牌，公示质量责任主体和主要责任人。对违反有关规定、造成工程质量事故的，依法给予责任单位停业整顿、降低资质等级、吊销资质证书等行政处罚并通过国家企业信用信息公示系统予以公示，给予注册执业人员暂停执业、吊销资格证书、一定时间直至终身不得进入行业等处罚。对发生工程质量事故造成损失的，要依法追究经济赔偿责任，情节严重的要追究有关单位和人员的法律责任。参与房地产开发的建筑业企业应依法合规经营，提高住宅品质。

（六）加强安全生产管理

全面落实安全生产责任，加强施工现场安全防护，特别要强化对深基坑、高支模、起重机械等危险性较大的分部分项工程的管理，以及对不良地质地区重大工程项目的风险评估或论证。推进信息技术与安全生产深度融合，加快建设建筑施工安全监管信息系统，通过信息化手段加强安全生产管理。建立健全全覆盖、多层次、经常性的安全生产培训制度，提升从业人员安全素质以及各方主体的本质安全水平。

（七）全面提高监管水平

完善工程质量安全法律法规和管理制度，健全企业负责、政府监管、社会监督的工程质量安全保障体系。强化政府对工程质量的监管，明确监管范围，落实监管责任，加大抽查抽测力度，重点加强对涉及公共安全的工程地基基础、主体结构等部位和竣工验收等环节的监督检查。加强工程质量监督队伍建设，监督机构履行职能所需经费由同级财政预算全额保障。政府可采取购买服务的方式，委托具备条件的社会力量进行工程质量监督检查。推进工程质量安全标准化管理，督促各方主体健全质量安全管控机制。强化对工程监理的监管，选择部分地区开展监理单位向政府报告质量监理情况的试点。加强工程质量检测机构管理，严厉打击出具虚假报告等行为。推动发展工程质量保险。

五、优化建筑市场环境

（八）建立统一开放市场

打破区域市场准入壁垒，取消各地区、各行业在法律、行政法规和国务院规定外对建筑业企业设置的不合理准入条件；严禁擅自设立或变相设立审批、备案事项，为建筑业企业提供公平市场环境。完善全国建筑市场监管公共服务平台，加快实现与全国信用信息共享平台和国家企业信用信息公示系统的数据共享交换。建立建筑市场主体黑名单制度，依法依规全面公开企业和个人信用记录，接受社会监督。

（九）加强承包履约管理

引导承包企业以银行保函或担保公司保函的形式，向建设单位提供履约担保。对采用常规通用技术标准的政府投资工程，在原则上实行最低价中标的同时，有效发挥履约担保的作用，防止恶意低价中标，确保工程投资不超预算。严厉查处转包和违法分包等行为。完善工程量清单计价体系和工程造价信息发布机制，形成统一的工程造价计价规则，合理确定和有效控制工程造价。

（十）规范工程价款结算

审计机关应依法加强对以政府投资为主的公共工程建设项目的审计监督，建设单位不得将未完成审计作为延期工程结算、拖欠工程款的理由。未完成竣工结算的项目，有关部门不予办理产权登记。对长期拖欠工程款的单位不得批准新项目开工。严格执行工程预付款制度，及时按合同约定足额向承包单位支付预付款。通过工程款支付担保等经济、法律手段约束建设单位履约行为，预防拖欠工程款。

六、提高从业人员素质

（十一）加快培养建筑人才

积极培育既有国际视野又有民族自信的建筑师队伍。加快培养熟悉国际规则的建筑业高级管理人才。大力推进校企合作，培养建筑业专业人才。加强工程现场管理人员和建筑工人的教育培训。健全建筑业职业技能标准体系，全面实施建筑业技术工人职业技能鉴定制度。发展一批建筑工人技能鉴定机构，开展建筑工人技能评价工作。通过制定施工现场技能工人基本配备标准、发布各个技能等级和工种的人工成本信息等方式，引导企业将工资分配向关键技术技能岗位倾斜。大力弘扬工匠精神，培养高素质建筑工人，到2020年建筑业中级工技能水平以上的建筑工人数量达到300万，2025年达到1000万。

（十二）改革建筑用工制度

推动建筑业劳务企业转型，大力发展木工、电工、砌筑、钢筋制作等以作业为主的专业企业。以专业企业为建筑工人的主要载体，逐步实现建筑工人公司化、专业化管理。鼓励现有专业企业进一步做专做精，增强竞争力，推动形成一批以作业为主的建筑业专业企业。促进建筑业农民工向技术工人转型，着力稳定和扩大建筑业农民工就业创业。建立全国建筑工人管理服务信息平台，开展建筑工人实名制管理，记录建筑工人的身份信息、培训情况、职业技能、从业记录等信息，逐步实现全覆盖。

（十三）保护工人合法权益

全面落实劳动合同制度，加大监察力度，督促施工单位与招用的建筑工人依法签订劳动合同，到 2020 年基本实现劳动合同全覆盖。健全工资支付保障制度，按照谁用工谁负责和总承包负总责的原则，落实企业工资支付责任，依法按月足额发放工人工资。将存在拖欠工资行为的企业列入黑名单，对其采取限制市场准入等惩戒措施，情节严重的降低资质等级。建立健全与建筑业相适应的社会保险参保缴费方式，大力推进建筑施工单位参加工伤保险。施工单位应履行社会责任，不断改善建筑工人的工作环境，提升职业健康水平，促进建筑工人稳定就业。

七、推进建筑产业现代化

（十四）推广智能和装配式建筑

坚持标准化设计、工厂化生产、装配化施工、一体化装修、信息化管理、智能化应用，推动建造方式创新，大力发展装配式混凝土和钢结构建筑，在具备条件的地方倡导发展现代木结构建筑，不断提高装配式建筑在新建建筑中的比例。力争用 10 年左右的时间，使装配式建筑占新建建筑面积的比例达到 30%。在新建建筑和既有建筑改造中推广普及智能化应用，完善智能化系统运行维护机制，实现建筑舒适安全、节能高效。

（十五）提升建筑设计水平

建筑设计应体现地域特征、民族特点和时代风貌，突出建筑使用功能及节能、节水、节地、节材和环保等要求，提供功能适用、经济合理、安全可靠、技术先进、环境协调的建筑设计产品。健全适应建筑设计特点的招标投标制度，推行设计团队招标、设计方案招标等方式。促进国内外建筑设计企业公平竞争，培育有国际竞争力的建筑设计队伍。倡导开展建筑评论，促进建筑设计理念的融合和升华。

（十六）加强技术研发应用

加快先进建造设备、智能设备的研发、制造和推广应用，提升各类施工机具的性能和效率，提高机械化施工程度。限制和淘汰落后、危险工艺工法，保障生产施工安全。积极支持建筑业科研工作，大幅提高技术创新对产业发展的贡献率。加快推进建筑信息模型（BIM）技术在规划、勘察、设计、施工和运营维护全过程的集成应用，实现工程建设项目全生命周期数据共享和信息化管理，为项目方案优化和科学决策提供依据，促进建筑业提质增效。

（十七）完善工程建设标准

整合精简强制性标准，适度提高安全、质量、性能、健康、节能等强制性指标要求，逐步提高标准水平。积极培育团体标准，鼓励具备相应能力的行业协会、产业联盟等主体共同制定满足市场和创新需要的标准，建立强制性标准与团体标准相结合的标准供给体制，增加标准有效供给。及时开展标准复审，加快标准修订，提高标准的时效性。加强科技研发与标准制定的信息沟通，建立全国工程建设标准专家委员会，为工程建设标准化工作提供技术支撑，提高标准的质量和水平。

八、加快建筑业企业"走出去"

（十八）加强中外标准衔接

积极开展中外标准对比研究，适应国际通行的标准内容结构、要素指标和相关术语，缩小中国标准与国外先进标准的技术差距。加大中国标准外文版翻译和宣传推广力度，以"一带一路"战略为引领，优先在对外投资、技术输出和援建工程项目中推广应用。积极参加国际标准认证、交流等活动，开展工程技术标准的双边合作。到2025年，实现工程建设国家标准全部有外文版。

（十九）提高对外承包能力

统筹协调建筑业"走出去"，充分发挥我国建筑业企业在高铁、公路、电力、港口、机场、油气长输管道、高层建筑等工程建设方面的比较优势，有目标、有重点、有组织地对外承包工程，参与"一带一路"建设。建筑业企业要加大对国际标准的研究力度，积极适应国际标准，加强对外承包工程质量、履约等方面管理，在援外住房等民生项目中发挥积极作用。鼓励大企业带动中小企业、沿海沿边地区企业合作"出海"，积极有序开拓国际市场，避免恶性竞争。引导对外承包工程企业向项目融资、设计咨询、后续运营维护管理等高附加值的领域有序拓展。推动企业提高属地化经营水平，实现与所在国家和地区互利共赢。

（二十）加大政策扶持力度

加强建筑业"走出去"相关主管部门间的沟通协调和信息共享。到2025年，与大部分"一带一路"沿线国家和地区签订双边工程建设合作备忘录，同时争取在双边自贸协定中纳入相关内容，推进建设领域执业资格国际互认。综合发挥各类金融工具的作用，重点支持对外经济合作中建筑领域的重大战略项目。借鉴国际通行的项目融资模式，按照风险可控、商业可持续原则，加大对建筑业"走出去"的金融支持力度。

各地区、各部门要高度重视深化建筑业改革工作，健全工作机制，明确任务分工，及时研究解决建筑业改革发展中的重大问题，完善相关政策，确保按期完成各项改革任务。加快推动修订建筑法、招标投标法等法律，完善相关法律法规。充分发挥协会商会熟悉行业、贴近企业的优势，及时反映企业诉求，反馈政策落实情况，发挥好规范行业秩序、建立从业人员行为准则、促进企业诚信经营等方面的自律作用。

国务院办公厅

2017 年 2 月 21 日

建筑工程施工许可管理办法

中华人民共和国住房和城乡建设部令

第 18 号

《建筑工程施工许可管理办法》已经第 13 次部常务会议审议通过，现予发布，自 2014 年 10 月 25 日起施行。

住房城乡建设部部长

2014 年 6 月 25 日

第一条 为了加强对建筑活动的监督管理，维护建筑市场秩序，保证建筑工程的质量和安全，根据《中华人民共和国建筑法》，制定本办法。

第二条 在中华人民共和国境内从事各类房屋建筑及其附属设施的建造、装修装饰和与其配套的线路、管道、设备的安装，以及城镇市政基础设施工程的施工，建设单位在开工前应当依照本办法的规定，向工程所在地的县级以上地方人民政府住房城乡建设主管部门（以下简称发证机关）申请领取施工许可证。

工程投资额在 30 万元以下或者建筑面积在 300 平方米以下的建筑工程，可以不申请办理施工许可证。省、自治区、直辖市人民政府住房城乡建设主管部门可以根据当地的实际情况，对限额进行调整，并报国务院住房城乡建设主管部门备案。

按照国务院规定的权限和程序批准开工报告的建筑工程，不再领取施工许可证。

第三条 本办法规定应当申请领取施工许可证的建筑工程未取得施工许可证的，一律不得开工。

任何单位和个人不得将应当申请领取施工许可证的工程项目分解为若干限额以下的工程项目，规避申请领取施工许可证。

第四条 建设单位申请领取施工许可证，应当具备下列条件，并提交相应的证明文件：

（一）依法应当办理用地批准手续的，已经办理该建筑工程用地批准手续。

（二）在城市、镇规划区的建筑工程，已经取得建设工程规划许可证。

（三）施工场地已经基本具备施工条件，需要征收房屋的，其进度符合施工要求。

（四）已经确定施工企业。按照规定应当招标的工程没有招标，应当公开招标的工程没有公开招标，或者肢解发包工程，以及将工程发包给不具备相应资质条件的企业的，所确定的施工企业无效。

（五）有满足施工需要的技术资料，施工图设计文件已按规定审查合格。

（六）有保证工程质量和安全的具体措施。施工企业编制的施工组织设计中有根据建筑工程特点制定的相应质量、安全技术措施。建立工程质量安全责任制并落实到人。专业性较强的工程项目编制了专项质量、安全施工组织设计，并按照规定办理了工程质量、安全监督手续。

（七）按照规定应当委托监理的工程已委托监理。

（八）建设资金已经落实。建设工期不足一年的，到位资金原则上不得少于工程合同价的50%，建设工期超过一年的，到位资金原则上不得少于工程合同价的30%。建设单位应当提供本单位截至申请之日无拖欠工程款情形的承诺书或者能够表明其无拖欠工程款情形的其他材料，以及银行出具的到位资金证明，有条件的可以实行银行付款保函或者其他第三方担保。

（九）法律、行政法规规定的其他条件。

县级以上地方人民政府住房城乡建设主管部门不得违反法律法规规定，增设办理施工许可证的其他条件。

第五条 申请办理施工许可证，应当按照下列程序进行：

（一）建设单位向发证机关领取《建筑工程施工许可证申请表》。

（二）建设单位持加盖单位及法定代表人印鉴的《建筑工程施工许可证申请表》，并附本办法第四条规定的证明文件，向发证机关提出申请。

（三）发证机关在收到建设单位报送的《建筑工程施工许可证申请表》和所附证明文件后，对于符合条件的，应当自收到申请之日起十五日内颁发施工许可证；对于证明文件不齐全或者失效的，应当当场或者五日内一次告知建设单位需要补正的全部内容，审批时间可以自证明文件补正齐全后作相应顺延；对于不符合条件的，应当自收到申请之日起十五日内书面通知建设单位，并说明理由。

建筑工程在施工过程中，建设单位或者施工单位发生变更的，应当重新申请领取施工许可证。

第六条 建设单位申请领取施工许可证的工程名称、地点、规模，应当符合依法签订的施工承包合同。

施工许可证应当放置在施工现场备查，并按规定在施工现场公开。

第七条 施工许可证不得伪造和涂改。

第八条 建设单位应当自领取施工许可证之日起三个月内开工。因故不能按期开工的，应当在期满前向发证机关申请延期，并说明理由；延期以两次为限，每次不超过三个月。既不开工又不申请延期或者超过延期次数、时限的，施工许可证自行废止。

第九条 在建的建筑工程因故中止施工的，建设单位应当自中止施工之日起一个月内向发证机关报告，报告内容包括中止施工的时间、原因、在施部位、维修管理措施等，并按照规定做好建筑工程的维护管理工作。

建筑工程恢复施工时，应当向发证机关报告；中止施工满一年的工程恢复施工前，建设单位应当报发证机关核验施工许可证。

第十条 发证机关应当将办理施工许可证的依据、条件、程序、期限以及需要提交的全部材料和申请表示范文本等，在办公场所和有关网站予以公示。

发证机关作出的施工许可决定，应当予以公开，公众有权查阅。

第十一条 发证机关应当建立颁发施工许可证后的监督检查制度，对取得施工许可证后条件发生变化、延期开工、中止施工等行为进行监督检查，发现违法违规行为及时处理。

第十二条 对于未取得施工许可证或者为规避办理施工许可证将工程项目分解后擅自施工的，由有管辖权的发证机关责令停止施工，限期改正，对建设单位处工程合同价款1%以上2%以下罚款；对施工单位处3万元以下罚款。

第十三条 建设单位采用欺骗、贿赂等不正当手段取得施工许可证的，由原发证机关撤销施工许可证，责令停止施工，并处1万元以上3万元以下罚款；构成犯罪的，依法追究刑事责任。

第十四条 建设单位隐瞒有关情况或者提供虚假材料申请施工许可证的，发证机关不予受理或者不予许可，并处1万元以上3万元以下罚款；构成犯罪的，依法追究刑事责任。

建设单位伪造或者涂改施工许可证的，由发证机关责令停止施工，并处1万元以上3万元以下罚款；构成犯罪的，依法追究刑事责任。

第十五条 依照本办法规定，给予单位罚款处罚的，对单位直接负责的主管人员和其他直接责任人员处单位罚款数额5%以上10%以下罚款。

单位及相关责任人受到处罚的，作为不良行为记录予以通报。

第十六条 发证机关及其工作人员，违反本办法，有下列情形之一的，由其上级行政机关或者监察机关责令改正；情节严重的，对直接负责的主管人员和其他直接责任人员，依法给予行政处分：

（一）对不符合条件的申请人准予施工许可的；

（二）对符合条件的申请人不予施工许可或者未在法定期限内作出准予许可决定的；

（三）对符合条件的申请不予受理的；

（四）利用职务上的便利，收受他人财物或者谋取其他利益的；

（五）不依法履行监督职责或者监督不力，造成严重后果的。

第十七条 建筑工程施工许可证由国务院住房城乡建设主管部门制定格式，由各省、自治区、直辖市人民政府住房城乡建设主管部门统一印制。

施工许可证分为正本和副本，正本和副本具有同等法律效力。复印的施工许可证无效。

第十八条 本办法关于施工许可管理的规定适用于其他专业建筑工程。有关法律、行政法规有明确规定的，从其规定。

《建筑法》第八十三条第三款规定的建筑活动，不适用本办法。

军事房屋建筑工程施工许可的管理，按国务院、中央军事委员会制定的办法执行。

第十九条 省、自治区、直辖市人民政府住房城乡建设主管部门可以根据本办法制定实施细则。

第二十条 本办法自2014年10月25日起施行。1999年10月15日建设部令第71号发布、2001年7月4日建设部令第91号修正的《建筑工程施工许可管理办法》同时废止。

国务院办公厅关于大力发展
装配式建筑的指导意见

国办发〔2016〕71号

各省、自治区、直辖市人民政府，国务院各部委、各直属机构：

装配式建筑是用预制部品部件在工地装配而成的建筑。发展装配式建筑是建造方式的重大变革，是推进供给侧结构性改革和新型城镇化发展的重要举措，有利于节约资源能源、减少施工污染、提升劳动生产效率和质量安全水平，有利于促进建筑业与信息化工业化深度融合、培育新产业新动能、推动化解过剩产能。近年来，我国积极探索发展装配式建筑，但建造方式大多仍以现场浇筑为主，装配式建筑比例和规模化程度较低，与发展绿色建筑的有关要求以及先进建造方式相比还有很大差距。为贯彻落实《中共中央 国务院关于进一步加强城市规划建设管理工作的若干意见》和《政府工作报告》部署，大力发展装配式建筑，经国务院同意，现提出以下意见。

一、总体要求

（一）指导思想

全面贯彻党的十八大和十八届三中、四中、五中全会以及中央城镇化工作会议、中央城市工作会议精神，认真落实党中央、国务院决策部署，按照"五位一体"总体布局和"四个全面"战略布局，牢固树立和贯彻落实创新、协调、绿色、开放、共享的发展理念，按照适用、经济、安全、绿色、美观的要求，推动建造方式创新，大力发展装配式混凝土建筑和钢结构建筑，在具备条件的地方倡导发展现代木结构建筑，不断提高装配式建筑在新建建筑中的比例。坚持标准化设计、工厂化生产、装配化施工、一体化装修、信息化管理、智能化应用，提高技术水平和工程质量，促进建筑产业转型升级。

（二）基本原则

坚持市场主导、政府推动。适应市场需求，充分发挥市场在资源配置中的决定性作用，更好发挥政府规划引导和政策支持作用，形成有利的体制机制和市场环境，促进市场主体积极参与、协同配合，有序发展装配式建筑。

坚持分区推进、逐步推广。根据不同地区的经济社会发展状况和产业技术条件，划分重点推进地区、积极推进地区和鼓励推进地区，因地制宜、循序渐进，以点带面、试点先行，及时总结经验，形成局部带动整体的工作格局。

坚持顶层设计、协调发展。把协同推进标准、设计、生产、施工、使用维护等作为发展装配式建筑的有效抓手，推动各个环节有机结合，以建造方式变革促进工程建设全过程提质增效，带动建筑业整体水平的提升。

（三）工作目标

以京津冀、长三角、珠三角三大城市群为重点推进地区，常住人口超过300万的其他城市为积极推进地区，其余城市为鼓励推进地区，因地制宜发展装配式混凝土结构、钢结构和现代木结构等装配式建筑。力争用10年左右的时间，使装配式建筑占新建建筑面积的比例达到30%。同时，逐步完善法律法规、技术标准和监管体系，推动形成一批设计、施工、部品部件规模化生产企业，具有现代装配建造水平的工程总承包企业以及与之相适应的专业化技能队伍。

二、重点任务

（四）健全标准规范体系

加快编制装配式建筑国家标准、行业标准和地方标准，支持企业编制标准、加强技术创新，鼓励社会组织编制团体标准，促进关键技术和成套技术研究成果转化为标准规范。强化建筑材料标准、部品部件标准、工程标准之间的衔接。制修订装配式建筑工程定额等计价依据。完善装配式建筑防火抗震防灾标准。研究建立装配式建筑评价标准和方法。逐步建立完善覆盖设计、生产、施工和使用维护全过程的装配式建筑标准规范体系。

（五）创新装配式建筑设计

统筹建筑结构、机电设备、部品部件、装配施工、装饰装修，推行装配式建筑一体化集成设计。推广通用化、模数化、标准化设计方式，积极应用建筑信息模型技术，提高建筑领域各专业协同设计能力，加强对装配式建筑建设全过程的指导和服务。鼓励设计单位与科研院所、高校等联合开发装配式建筑设计技术和通用设计软件。

（六）优化部品部件生产

引导建筑行业部品部件生产企业合理布局，提高产业聚集度，培育一批技术先进、专业配套、管理规范的骨干企业和生产基地。支持部品部件生产企业完善产品品种和规格，促进专业化、标准化、规模化、信息化生产，优化物流管理，合理组织配送。积极引导设备制造企业研发部品部件生产装备机具，提高自动化和柔性加工技术水平。建立部品部件质量验收机制，确保产品质量。

（七）提升装配施工水平

引导企业研发应用与装配式施工相适应的技术、设备和机具，提高部品部件的装配施工连接质量和建筑安全性能。鼓励企业创新施工组织方式，推行绿色施工，应用结构工程与分部分项工程协同施工新模式。支持施工企业总结编制施工工法，提高装配施工技能，实现技术工艺、组织管理、技能队伍的转变，打造一批具有较高装配施工技术水平的骨干企业。

（八）推进建筑全装修

实行装配式建筑装饰装修与主体结构、机电设备协同施工。积极推广标准化、集成化、模块化的装修模式，促进整体厨卫、轻质隔墙等材料、产品和设备管线集成化技术的应用，提高装配化装修水平。倡导菜单式全装修，满足消费者个性化需求。

（九）推广绿色建材

提高绿色建材在装配式建筑中的应用比例。开发应用品质优良、节能环保、功能良好的新型建筑材料，并加快推进绿色建材评价。鼓励装饰与保温隔热材料一体化应用。推广应用高性能节能门窗。强制淘汰不符合节能环保要求、质量性能差的建筑材料，确保安全、绿色、环保。

（十）推行工程总承包

装配式建筑原则上应采用工程总承包模式，可按照技术复杂类工程项目招投标。工程总承包企业要对工程质量、安全、进度、造价负总责。要健全与装配式建筑总承包相适应的发包承包、施工许可、分包管理、工程造价、质量安全监管、竣工验收等制度，实现工程设计、部品部件生产、施工及采购的统一管理和深度融合，优化项目管理方式。鼓励建立装配式建筑产业技术创新联盟，加大研发投入，增强创新能力。支持大型设计、施工和部品部件生产企业通过调整组织架构、健全管理体系，向具有工程管理、设计、施工、生产、采购能力的工程总承包企业转型。

（十一）确保工程质量安全

完善装配式建筑工程质量安全管理制度，健全质量安全责任体系，落实各方主体质量安全责任。加强全过程监管，建设和监理等相关方可采用驻厂监造等方式加强部品部件生产质量管控；施工企业要加强施工过程质量安全控制和检验检测，完善装配施工质量保证体系；在建筑物明显部位设置永久性标牌，公示质量安全责任主体和主要责任人。加强行业监管，明确符合装配式建筑特点的施工图审查要求，建立全过程质量追溯制度，加大抽查抽测力度，严肃查处质量安全违法违规行为。

三、保障措施

（十二）加强组织领导

各地区要因地制宜研究提出发展装配式建筑的目标和任务，建立健全工作机制，完善配套政策，组织具体实施，确保各项任务落到实处。各有关部门要加大指导、协调和支持力度，将发展装配式建筑作为贯彻落实中央城市工作会议精神的重要工作，列入城市规划建设管理工作监督考核指标体系，定期通报考核结果。

（十三）加大政策支持

建立健全装配式建筑相关法律法规体系。结合节能减排、产业发展、科技创新、污染防治等方面政策，加大对装配式建筑的支持力度。支持符合高新技术企业条件的装配式建筑部品部件生产企业享受相关优惠政策。符合新型墙体材料目录的部品部件生产企业，可按规定享受增值税即征即退优惠政策。在土地供应中，可将发展装配式建筑的相关要求纳入供地方案，并落实到土地使用合同中。鼓励各地结合实际出台支持装配式建筑发展的规划审批、土地供应、基础设施配套、财政金融等相关政策措施。政府投资工程要带头发展装配式建筑，推动装配式建筑"走出去"。在中国人居环境奖评选、国家生态园林城市评估、绿色建筑评价等工作中增加装配式建筑方面的指标要求。

（十四）强化队伍建设

大力培养装配式建筑设计、生产、施工、管理等专业人才。鼓励高等学校、职业学校设置装配式建筑相关课程，推动装配式建筑企业开展校企合作，创新人才培养模式。在建筑行业专业技术人员继续教育中增加装配式建筑相关内容。加大职业技能培训资金投入，建立培训基地，加强岗位技能提升培训，促进建筑业农民工向技术工人转型。加强国际交流合作，积极引进海外专业人才参与装配式建筑的研发、生产和管理。

（十五）做好宣传引导

通过多种形式深入宣传发展装配式建筑的经济社会效益，广泛宣传装配式建筑基本知识，提高社会认知度，营造各方共同关注、支持装配式建筑发展的良好氛围，促进装配式建筑相关产业和市场发展。

国务院办公厅

2016 年 9 月 27 日

关于推动建筑市场统一开放的若干规定

住房城乡建设部关于印发推动
建筑市场统一开放若干规定的通知

建市〔2015〕140号

各省、自治区住房城乡建设厅，直辖市建委，北京市规委，新疆生产建设兵团建设局：

为建立健全统一开放、竞争有序的建筑市场体系，营造公平竞争的市场环境，进一步规范建筑市场秩序，我部制定了《关于推动建筑市场统一开放的若干规定》，现印发给你们，请遵照执行。

各省、自治区、直辖市住房城乡建设主管部门要高度重视推动建筑市场统一开放工作，加强组织领导和监督检查；按照国务院行政审批制度改革的总体部署和本规定的要求，全面清理本行政区域内各级住房城乡建设主管部门制定的涉及建筑企业跨省承揽业务监督管理的各项规定；按照建立省际协调联动机制的要求，明确本地区负责建筑企业跨省承揽业务活动管理的机构和人员。

请于2015年10月31日前将《省际协调联动机制名单》报送我部建筑市场监管司。

联系人：杨紫烟、明刚

联系电话：010-58933373，58934994（传真）

住房城乡建设部

2015年9月21日

第一条 为建立健全统一开放、竞争有序的建筑市场体系，促进建筑企业公平竞争，加强对建筑企业跨省承揽业务活动的监督管理，依据《中华人民共和国建筑法》、《企业信息公示暂行条例》、《关于促进市场公平竞争维护市场正常秩序的若干意见》（国发〔2014〕20号）等，制定本规定。

第二条 建筑企业在中华人民共和国境内跨省承揽房屋建筑和市政基础设施工程及其监督管理活动，适用本规定。

本规定所称建筑企业是指取得工程勘察、设计、施工、监理、招标代理等资质资格证书的企业。

本规定所称跨省承揽业务是指建筑企业到注册所在地省级行政区域以外的地区承揽业务的活动。

第三条 各级住房城乡建设主管部门要全面落实国家关于促进企业深化改革发展的各项政策措施，加强政策引导，营造有利于实力强、信誉好的建筑企业开展跨省承揽业务的宽松环境。

第四条 各级住房城乡建设主管部门应当按照简政放权、方便企业、规范管理的原则，简化前置管理，强化事中事后监管，给予外地建筑企业与本地建筑企业同等待遇，实行统一的市场监管，推动建筑市场统一开放。

第五条 住房城乡建设部对全国建筑企业跨省承揽业务活动实施统一监督管理。省级住房城乡建设主管部门对在本地区承揽业务的外地建筑企业实施监督管理。

住房城乡建设部通过建立全国建筑市场监管与诚信信息发布平台，与各省级平台相对接，统一公开各地建筑市场监管和诚信行为信息。

第六条 建筑企业跨省承揽业务的，应当持企业法定代表人授权委托书向工程所在地省级住房城乡建设主管部门报送企业基本信息。企业基本信息内容应包括：企业资质证书副本（复印件）、安全生产许可证副本（复印件，施工企业）、企业诚信守法承诺书、在本地承揽业务负责人的任命书及身份信息、联系方式。

建筑企业应当对报送信息的真实性负责。企业基本信息发生变更的，应当及时告知工程所在地省级住房城乡建设主管部门。

第七条 工程所在地省级住房城乡建设主管部门收到建筑企业报送的基本信息后，应当及时纳入全省统一的建筑市场监管信息系统，通告本地区各级住房城乡建设主管部门，并向社会公示。

企业录入基本信息后，可在工程所在地省级行政区域内承揽业务。省级行政区域内各级住房城乡建设主管部门不得要求建筑企业重复报送信息，或每年度报送信息。

在全国建筑市场监管与诚信信息发布平台可查询到的信息，省级住房城乡建设主管部门应当通过信息系统进行核查，不再要求建筑企业提交纸质材料。

第八条 地方各级住房城乡建设主管部门在建筑企业跨省承揽业务监督管理工作中，不得违反法律法规的规定，直接或变相实行以下行为：

（一）擅自设置任何审批、备案事项，或者告知条件；

（二）收取没有法律法规依据的任何费用或保证金等；

（三）要求外地企业在本地区注册设立独立子公司或分公司；

（四）强制扣押外地企业和人员的相关证照资料；

（五）要求外地企业注册所在地住房城乡建设主管部门或其上级主管部门出具相关证明；

（六）将资质资格等级作为外地企业进入本地区承揽业务的条件；

（七）以本地区承揽工程业绩、本地区获奖情况作为企业进入本地市场条件；

（八）要求企业法定代表人到场办理入省（市）手续；

（九）其他妨碍企业自主经营、公平竞争的行为。

第九条 各省级住房城乡建设主管部门应当在本地区建筑市场

监管信息平台中，统一公布中标企业（包括通过直接发包方式确定的承包企业）项目班子人员信息，并将中标信息和现场执法检查相结合。在建筑市场监督检查时，重点核查项目班子人员与中标信息不一致、项目负责人不履职、建筑企业在多个项目更换项目负责人等行为，依法查处建筑企业转包、挂靠、违法分包等违法违规行为。

第十条　对发生严重违法违规行为或报送企业基本信息时弄虚作假的建筑企业，工程所在地省级住房城乡建设主管部门应当将其列入黑名单，采取市场禁入等措施，同时上报住房城乡建设部，在全国建筑市场监管与诚信信息发布平台上向社会公布。

第十一条　住房城乡建设部建立建筑企业跨省承揽业务活动监管省际协调联动机制。各省级住房城乡建设主管部门应当明确本地区负责建筑企业跨省承揽业务活动管理的机构和人员。

工程所在地省级住房城乡建设主管部门应当及时通报外地建筑企业在本地区承揽业务活动中存在的违法违规行为等信息。注册所在地省级住房城乡建设主管部门应当积极协助其他省市核实本地建筑企业资质、人员资格等相关信息，配合处理建筑企业在跨省承揽业务中发生的违法违规行为，形成联动监管。

第十二条　注册所在地省级住房城乡建设主管部门对在外地发生违法违规行为的本地建筑企业，要及时开展动态核查。经核查，企业不符合资质标准的，应当依法进行处理。

第十三条　省级住房城乡建设主管部门应当向社会公开投诉举报电话和信箱，对本地区各级住房城乡建设主管部门的建筑企业跨省承揽业务监管工作实施监督，对设立不合理条件限制或排斥外地企业承揽业务的，应当及时纠正，情节严重的要通报批评。

住房城乡建设部依法受理全国涉及建筑企业跨省承揽业务活动监督管理的举报投诉，对违反本规定第八条及企业反映强烈、举报投诉较多、拒不整改的地区进行约谈、通报、曝光。

　　第十四条　建筑企业在本规定施行之日前已经办理跨省承揽业务备案的，除按照本规定变更信息外，任何单位或个人不得要求企业重新报送信息。

　　第十五条　本规定自 2016 年 1 月 1 日起施行。原有关文件与本规定不一致的，按本规定执行。

关于建筑服务等营改
增试点政策的通知

财税〔2017〕58 号

各省、自治区、直辖市、计划单列市财政厅（局）、国家税务局、地方税务局，新疆生产建设兵团财务局：

现将营改增试点期间建筑服务等政策补充通知如下：

一、建筑工程总承包单位为房屋建筑的地基与基础、主体结构提供工程服务，建设单位自行采购全部或部分钢材、混凝土、砌体材料、预制构件的，适用简易计税方法计税。

地基与基础、主体结构的范围，按照《建筑工程施工质量验收统一标准》（GB50300-2013）附录 B《建筑工程的分部工程、分项工程划分》中的"地基与基础""主体结构"分部工程的范围执行。

二、《营业税改征增值税试点实施办法》（财税〔2016〕36 号印发）第四十五条第（二）项修改为"纳税人提供租赁服务采取预收款方式的，其纳税义务发生时间为收到预收款的当天"。

三、纳税人提供建筑服务取得预收款，应在收到预收款时，以取得的预收款扣除支付的分包款后的余额，按照本条第三款规定的预征率预缴增值税。

按照现行规定应在建筑服务发生地预缴增值税的项目，纳税人收到预收款时在建筑服务发生地预缴增值税。按照现行规定无需在建筑服务发生地预缴增值税的项目，纳税人收到预收款时在机构所在地预缴增值税。

适用一般计税方法计税的项目预征率为 2%，适用简易计税方法计税的项目预征率为 3%。

四、纳税人采取转包、出租、互换、转让、入股等方式将承包地流转给农业生产者用于农业生产，免征增值税。

五、自 2018 年 1 月 1 日起，金融机构开展贴现、转贴现业务，以其实际持有票据期间取得的利息收入作为贷款服务销售额计算缴纳增值税。此前贴现机构已就贴现利息收入全额缴纳增值税的票据，转贴现机构转贴现利息收入继续免征增值税。

六、本通知除第五条外，自 2017 年 7 月 1 日起执行。《营业税改征增值税试点实施办法》（财税〔2016〕36 号印发）第七条自 2017 年 7 月 1 日起废止。《营业税改征增值税试点过渡政策的规定》（财税〔2016〕36 号印发）第一条第（二十三）项第 4 点自 2018 年 1 月 1 日起废止。

财政部　税务总局

2017 年 7 月 11 日

房屋建筑工程抗震设防管理规定

中华人民共和国建设部令
第 148 号

《房屋建筑工程抗震设防管理规定》已于 2005 年 12 月 31 日经建设部第 83 次常务会议讨论通过，现予发布，自 2006 年 4 月 1 日起施行。

部长
二〇〇六年一月二十七日

第一条 为了加强对房屋建筑工程抗震设防的监督管理，保护人民生命和财产安全，根据《中华人民共和国防震减灾法》、《中华人民共和国建筑法》、《建设工程质量管理条例》、《建设工程勘察设计管理条例》等法律、行政法规，制定本规定。

第二条 在抗震设防区从事房屋建筑工程抗震设防的有关活动，实施对房屋建筑工程抗震设防的监督管理，适用本规定。

第三条 房屋建筑工程的抗震设防，坚持预防为主的方针。

第四条 国务院建设主管部门负责全国房屋建筑工程抗震设防的监督管理工作。

县级以上地方人民政府建设主管部门负责本行政区域内房屋建筑工程抗震设防的监督管理工作。

第五条 国家鼓励采用先进的科学技术进行房屋建筑工程的抗震设防。

制定、修订工程建设标准时，应当及时将先进适用的抗震新技术、新材料和新结构体系纳入标准、规范，在房屋建筑工程中推广使用。

第六条 新建、扩建、改建的房屋建筑工程，应当按照国家有关规定和工程建设强制性标准进行抗震设防。

任何单位和个人不得降低抗震设防标准。

第七条 建设单位、勘察单位、设计单位、施工单位、工程监理单位，应当遵守有关房屋建筑工程抗震设防的法律、法规和工程建设强制性标准的规定，保证房屋建筑工程的抗震设防质量，依法承担相应责任。

第八条 城市房屋建筑工程的选址，应当符合城市总体规划中城市抗震防灾专业规划的要求；村庄、集镇建设的工程选址，应当符合村庄与集镇防灾专项规划和村庄与集镇建设规划中有关抗震防灾的要求。

第九条 采用可能影响房屋建筑工程抗震安全，又没有国家技术标准的新技术、新材料的，应当按照有关规定申请核准。申请时，应当说明是否适用于抗震设防区以及适用的抗震设防烈度范围。

第十条 《建筑工程抗震设防分类标准》中甲类和乙类建筑工程的初步设计文件应当有抗震设防专项内容。

超限高层建筑工程应当在初步设计阶段进行抗震设防专项审查。

新建、扩建、改建房屋建筑工程的抗震设计应当作为施工图审查的重要内容。

第十一条 产权人和使用人不得擅自变动或者破坏房屋建筑抗震构件、隔震装置、减震部件或者地震反应观测系统等抗震设施。

第十二条 已建成的下列房屋建筑工程，未采取抗震设防措施且未列入近期拆除改造计划的，应当委托具有相应设计资质的单位按现行抗震鉴定标准进行抗震鉴定：

（一）《建筑工程抗震设防分类标准》中甲类和乙类建筑工程；

（二）有重大文物价值和纪念意义的房屋建筑工程；

（三）地震重点监视防御区的房屋建筑工程。

鼓励其他未采取抗震设防措施且未列入近期拆除改造计划的房屋建筑工程产权人，委托具有相应设计资质的单位按现行抗震鉴定标准进行抗震鉴定。

经鉴定需加固的房屋建筑工程，应当在县级以上地方人民政府建设主管部门确定的限期内采取必要的抗震加固措施；未加固前应当限制使用。

第十三条 从事抗震鉴定的单位，应当遵守有关房屋建筑工程抗震设防的法律、法规和工程建设强制性标准的规定，保证房屋建筑工程的抗震鉴定质量，依法承担相应责任。

第十四条 对经鉴定需抗震加固的房屋建筑工程，产权人应当委托具有相应资质的设计、施工单位进行抗震加固设计与施工，并按国家规定办理相关手续。

抗震加固应当与城市近期建设规划、产权人的房屋维修计划相结合。经鉴定需抗震加固的房屋建筑工程在进行装修改造时，应当同时进行抗震加固。

有重大文物价值和纪念意义的房屋建筑工程的抗震加固，应当注意保持其原有风貌。

第十五条 房屋建筑工程的抗震鉴定、抗震加固费用，由产权人承担。

第十六条 已按工程建设标准进行抗震设计或抗震加固的房屋建筑工程在合理使用年限内，因各种人为因素使房屋建筑工程抗震能力受损的，或者因改变原设计使用性质，导致荷载增加或需提高抗震设防类别的，产权人应当委托有相应资质的单位进行抗震验算、修复或加固。需要进行工程检测的，应由委托具有相应资质的单位进行检测。

第十七条 破坏性地震发生后，当地人民政府建设主管部门应当组织对受损房屋建筑工程抗震性能的应急评估，并提出恢复重建方案。

第十八条 震后经应急评估需进行抗震鉴定的房屋建筑工程，应当按照抗震鉴定标准进行鉴定。经鉴定需修复或者抗震加固的，应当按照工程建设强制性标准进行修复或者抗震加固。需易地重建的，应当按照国家有关法律、法规的规定进行规划和建设。

第十九条 当发生地震的实际烈度大于现行地震动参数区划图对应的地震基本烈度时，震后修复或者建设的房屋建筑工程，应当以国家地震部门审定、发布的地震动参数复核结果，作为抗震设防的依据。

第二十条 县级以上地方人民政府建设主管部门应当加强对房屋建筑工程抗震设防质量的监督管理，并对本行政区域内房屋建筑工程执行抗震设防的法律、法规和工程建设强制性标准情况，定期进行监督检查。

县级以上地方人民政府建设主管部门应当对村镇建设抗震设防进行指导和监督。

第二十一条 县级以上地方人民政府建设主管部门应当对农民自建低层住宅抗震设防进行技术指导和技术服务，鼓励和指导其采取经济、合理、可靠的抗震措施。

地震重点监视防御区县级以上地方人民政府建设主管部门应当通过拍摄科普教育宣传片、发送农房抗震图集、建设抗震样板房、技术培训等多种方式，积极指导农民自建低层住宅进行抗震设防。

第二十二条 县级以上地方人民政府建设主管部门有权组织抗震设防检查，并采取下列措施：

（一）要求被检查的单位提供有关房屋建筑工程抗震的文件和资料；

（二）发现有影响房屋建筑工程抗震设防质量的问题时，责令改正。

第二十三条　地震发生后，县级以上地方人民政府建设主管部门应当组织专家，对破坏程度超出工程建设强制性标准允许范围的房屋建筑工程的破坏原因进行调查，并依法追究有关责任人的责任。

国务院建设主管部门应当根据地震调查情况，及时组织力量开展房屋建筑工程抗震科学研究，并对相关工程建设标准进行修订。

第二十四条　任何单位和个人对房屋建筑工程的抗震设防质量问题都有权检举和投诉。

第二十五条　违反本规定，擅自使用没有国家技术标准又未经审定通过的新技术、新材料，或者将不适用于抗震设防区的新技术、新材料用于抗震设防区，或者超出经审定的抗震烈度范围的，由县级以上地方人民政府建设主管部门责令限期改正，并处以1万元以上3万元以下罚款。

第二十六条　违反本规定，擅自变动或者破坏房屋建筑抗震构件、隔震装置、减震部件或者地震反应观测系统等抗震设施的，由县级以上地方人民政府建设主管部门责令限期改正，并对个人处以1000元以下罚款，对单位处以1万元以上3万元以下罚款。

第二十七条　违反本规定，未对抗震能力受损、荷载增加或者需提高抗震设防类别的房屋建筑工程，进行抗震验算、修复和加固的，由县级以上地方人民政府建设主管部门责令限期改正，逾期不改的，处以1万元以下罚款。

第二十八条　违反本规定，经鉴定需抗震加固的房屋建筑工程在进行装修改造时未进行抗震加固的，由县级以上地方人民政府建设主管部门责令限期改正，逾期不改的，处以1万元以下罚款。

第二十九条　本规定所称抗震设防区，是指地震基本烈度六度及六度以上地区（地震动峰值加速度≥0.05g 的地区）。

本规定所称超限高层建筑工程，是指超出国家现行规范、规程所规定的适用高度和适用结构类型的高层建筑工程，体型特别不规则的高层建筑工程，以及有关规范、规程规定应当进行抗震专项审查的高层建筑工程。

第三十条 本规定自 2006 年 4 月 1 日起施行。

超限高层建筑工程抗震设防管理规定

中华人民共和国建设部令
第 111 号

《超限高层建筑工程抗震设防管理规定》已经 2002 年 7 月 11 日建设部第 61 次常务会议审议通过，现予发布，自 2002 年 9 月 1 日起施行。

部长
二〇〇二年七月二十五日

第一条 为了加强超限高层建筑工程的抗震设防管理，提高超限高层建筑工程抗震设计的可靠性和安全性，保证超限高层建筑工程抗震设防的质量，根据《中华人民共和国建筑法》、《中华人民共和国防震减灾法》、《建设工程质量管理条例》、《建设工程勘察设计管理条例》等法律、法规，制定本规定。

第二条 本规定适用于抗震设防区内超限高层建筑工程的抗震设防管理。

本规定所称超限高层建筑工程，是指超出国家现行规范、规程所规定的适用高度和适用结构类型的高层建筑工程，体型特别不规则的高层建筑工程，以及有关规范、规程规定应进行抗震专项审查的高层建筑工程。

第三条 国务院建设行政主管部门负责全国超限高层建筑工程抗震设防的管理工作。

省、自治区、直辖市人民政府建设行政主管部门负责本行政区内超限高层建筑工程抗震设防的管理工作。

第四条 超限高层建筑工程的抗震设防应当采取有效的抗震措施，确保超限高层建筑工程达到规范规定的抗震设防目标。

第五条 在抗震设防区内进行超限高层建筑工程的建设时，建设单位应当在初步设计阶段向工程所在地的省、自治区、直辖市人民政府建设行政主管部门提出专项报告。

第六条 超限高层建筑工程所在地的省、自治区、直辖市人民政府建设行政主管部门，负责组织省、自治区、直辖市超限高层建筑工程抗震设防专家委员会对超限高层建筑工程进行抗震设防专项审查。

审查难度大或审查意见难以统一的，工程所在地的省、自治区、直辖市人民政府建设行政主管部门可请全国超限高层建筑工程抗震设防专家委员会提出专项审查意见，并报国务院建设行政主管部门备案。

第七条 全国和省、自治区、直辖市的超限高层建筑工程抗震设防审查专家委员会委员分别由国务院建设行政主管部门和省、自治区、直辖市人民政府建设行政主管部门聘任。

超限高层建筑工程抗震设防专家委员会应当由长期从事并精通高层建筑工程抗震的勘察、设计、科研、教学和管理专家组成，并对抗震设防专项审查意见承担相应的审查责任。

第八条 超限高层建筑工程的抗震设防专项审查内容包括：建筑的抗震设防分类、抗震设防烈度（或者设计地震动参数）、场地抗震性能评价、抗震概念设计、主要结构布置、建筑与结构的协调、使用的计算程序、结构计算结果、地基基础和上部结构抗震性能评估等。

第九条 建设单位申报超限高层建筑工程的抗震设防专项审查时，应当提供以下材料：

（一）超限高层建筑工程抗震设防专项审查表；

（二）设计的主要内容、技术依据、可行性论证及主要抗震措施；

（三）工程勘察报告；

（四）结构设计计算的主要结果；

（五）结构抗震薄弱部位的分析和相应措施；

（六）初步设计文件；

（七）设计时参照使用的国外有关抗震设计标准、工程和震害资料及计算机程序；

（八）对要求进行模型抗震性能试验研究的，应当提供抗震试验研究报告。

第十条　建设行政主管部门应当自接到抗震设防专项审查全部申报材料之日起 25 日内，组织专家委员会提出书面审查意见，并将审查结果通知建设单位。

第十一条　超限高层建筑工程抗震设防专项审查费用由建设单位承担。

第十二条　超限高层建筑工程的勘察、设计、施工、监理，应当由具备甲级（一级及以上）资质的勘察、设计、施工和工程监理单位承担，其中建筑设计和结构设计应当分别由具有高层建筑设计经验的一级注册建筑师和一级注册结构工程师承担。

第十三条　建设单位、勘察单位、设计单位应当严格按照抗震设防专项审查意见进行超限高层建筑工程的勘察、设计。

第十四条　未经超限高层建筑工程抗震设防专项审查，建设行政主管部门和其他有关部门不得对超限高层建筑工程施工图设计文件进行审查。

超限高层建筑工程的施工图设计文件审查应当由经国务院建设行政主管部门认定的具有超限高层建筑工程审查资格的施工图设计文件审查机构承担。

施工图设计文件审查时应当检查设计图纸是否执行了抗震设防专项审查意见；未执行专项审查意见的，施工图设计文件审查不能通过。

第十五条 建设单位、施工单位、工程监理单位应当严格按照经抗震设防专项审查和施工图设计文件审查的勘察设计文件进行超限高层建筑工程的抗震设防和采取抗震措施。

第十六条 对国家现行规范要求设置建筑结构地震反应观测系统的超限高层建筑工程，建设单位应当按照规范要求设置地震反应观测系统。

第十七条 建设单位违反本规定，施工图设计文件未经审查或者审查不合格，擅自施工的，责令改正，处以 20 万元以上 50 万元以下的罚款。

第十八条 勘察、设计单位违反本规定，未按照抗震设防专项审查意见进行超限高层建筑工程勘察、设计的，责令改正，处以 1 万元以上 3 万元以下的罚款；造成损失的，依法承担赔偿责任。

第十九条 国家机关工作人员在超限高层建筑工程抗震设防管理工作中玩忽职守，滥用职权，徇私舞弊，构成犯罪的，依法追究刑事责任；尚不构成犯罪的，依法给予行政处分。

第二十条 省、自治区、直辖市人民政府建设行政主管部门，可结合本地区的具体情况制定实施细则，并报国务院建设行政主管部门备案。

第二十一条 本规定自 2002 年 9 月 1 日起施行。1997 年 12 月 23 日建设部颁布的《超限高层建筑工程抗震设防管理暂行规定》（建设部令第 59 号）同时废止。

房屋建筑工程质量保修办法

中华人民共和国建设部令

第 80 号

《房屋建筑工程质量保修办法》已于 2000 年 6 月 26 日经第 24 次部常务会议讨论通过，现予发布，自发布之日起施行。

部长　俞正声

二〇〇〇年六月三十日

第一条　为保护建设单位、施工单位、房屋建筑所有人和使用人的合法权益，维护公共安全和公众利益，根据《中华人民共和国建筑法》和《建设工程质量管理条例》，制订本办法。

第二条　在中华人民共和国境内新建、扩建、改建各类房屋建筑工程（包括装修工程）的质量保修，适用本办法。

第三条　本办法所称房屋建筑工程质量保修，是指对房屋建筑工程竣工验收后在保修期限内出现的质量缺陷，予以修复。

本办法所称质量缺陷，是指房屋建筑工程的质量不符合工程建设强制性标准以及合同的约定。

第四条　房屋建筑工程在保修范围和保修期限内出现质量缺陷，施工单位应当履行保修义务。

第五条　国务院建设行政主管部门负责全国房屋建筑工程质量保修的监督管理。

县级以上地方人民政府建设行政主管部门负责本行政区域内房屋建筑工程质量保修的监督管理。

第六条 建设单位和施工单位应当在工程质量保修书中约定保修范围、保修期限和保修责任等，双方约定的保修范围、保修期限必须符合国家有关规定。

第七条 在正常使用下，房屋建筑工程的最低保修期限为：

（一）地基基础工程和主体结构工程，为设计文件规定的该工程的合理使用年限；

（二）屋面防水工程、有防水要求的卫生间、房间和外墙面的防渗漏，为5年；

（三）供热与供冷系统，为2个采暖期、供冷期；

（四）电气管线、给排水管道、设备安装为2年；

（五）装修工程为2年。

其他项目的保修期限由建设单位和施工单位约定。

第八条 房屋建筑工程保修期从工程竣工验收合格之日起计算。

第九条 房屋建筑工程在保修期限内出现质量缺陷，建设单位或者房屋建筑所有人应当向施工单位发出保修通知。施工单位接到保修通知后，应当到现场核查情况，在保修书约定的时间内予以保修。发生涉及结构安全或者严重影响使用功能的紧急抢修事故，施工单位接到保修通知后，应当立即到达现场抢修。

第十条 发生涉及结构安全的质量缺陷，建设单位或者房屋建筑所有人应当立即向当地建设行政主管部门报告，采取安全防范措施；由原设计单位或者具有相应资质等级的设计单位提出保修方案，施工单位实施保修，原工程质量监督机构负责监督。

第十一条 保修完成后，由建设单位或者房屋建筑所有人组织验收。涉及结构安全的，应当报当地建设行政主管部门备案。

第十二条 施工单位不按工程质量保修书约定保修的，建设单位可以另行委托其他单位保修，由原施工单位承担相应责任。

第十三条 保修费用由质量缺陷的责任方承担。

第十四条 在保修期内，因房屋建筑工程质量缺陷造成房屋所有人、使用人或者第三方人身、财产损害的，房屋所有人、使用人或者第三方可以向建设单位提出赔偿要求。建设单位向造成房屋建筑工程质量缺陷的责任方追偿。

第十五条 因保修不及时造成新的人身、财产损害，由造成拖延的责任方承担赔偿责任。

第十六条 房地产开发企业售出的商品房保修，还应当执行《城市房地产开发经营管理条例》和其他有关规定。

第十七条 下列情况不属于本办法规定的保修范围：

（一）因使用不当或者第三方造成的质量缺陷；

（二）不可抗力造成的质量缺陷。

第十八条 施工单位有下列行为之一的，由建设行政主管部门责令改正，并处 1 万元以上 3 万元以下的罚款。

（一）工程竣工验收后，不向建设单位出具质量保修书的；

（二）质量保修的内容、期限违反本办法规定的。

第十九条 施工单位不履行保修义务或者拖延履行保修义务的，由建设行政主管部门责令改正，处 10 万元以上 20 万元以下的罚款。

第二十条 军事建设工程的管理，按照中央军事委员会的有关规定执行。

第二十一条 本办法由国务院建设行政主管部门负责解释。

第二十二条 本办法自发布之日起施行。

关于印发《房屋建筑工程质量保修书》
（示范文本）的通知

建建〔2000〕185号

各省、自治区、直辖市建委（建设厅）、工商行政管理局，计划单列市建委（建设局）、工商行政管理局，国务院有关部门：

根据《建设工程质量管理条例》和《房屋建筑工程质量保修办法》的有关规定，我们对1999年12月24日印发的《建设工程施工合同（示范文本）》附件3《工程质量保修书》进行了修订，并将修订后的《工程质量保修书》更名为《房屋建筑工程质量保修书》。现将《房屋建筑工程质量保修书》（示范文本）印发给你们，请与《建设工程施工合同（示范文本）》一并推行。

附件：《房屋建筑工程质量保修书》（示范文本）

中华人民共和国建设部
中华人民共和国国家工商行政管理局
二〇〇〇年八月二十二日

附件：

房屋建筑工程质量保修书（示范文本）

发包人（全称）：_____

承包人（全称）：_____

发包人、承包人根据《中华人民共和国建筑法》、《建设工程质量管理条例》和《房屋建筑工程质量保修办法》，经协商一致，对（工程全称）签定工程质量保修书。

一、工程质量保修范围和内容

承包人在质量保修期内，按照有关法律、法规、规章的管理规定和双方约定，承担本工程质量保修责任。

质量保修范围包括地基基础工程、主体结构工程，屋面防水工程、有防水要求的卫生间、房间和外墙面的防渗漏，供热与供冷系统，电气管线、给排水管道、设备安装和装修工程，以及双方约定的其他项目。具体保修的内容，双方约定如下：_____

_____。

二、质量保修期

双方根据《建设工程质量管理条例》及有关规定，约定本工程的质量保修期如下：

1. 地基基础工程和主体结构工程为设计文件规定的该工程合理使用年限；

2. 屋面防水工程、有防水要求的卫生间、房间和外墙面的防渗漏为____年；

3. 装修工程为____年；

4. 电气管线、给排水管道、设备安装工程为____年；

5. 供热与供冷系统为____个采暖期、供冷期；

6. 住宅小区内的给排水设施、道路等配套工程为＿＿＿年;

7. 其他项目保修期限约定如下: ＿＿＿＿＿＿＿＿＿＿＿＿＿

＿＿＿＿＿＿＿＿＿＿＿＿＿＿＿＿＿＿＿。＿＿＿＿＿＿＿＿＿

＿＿＿＿＿＿＿＿＿＿＿＿＿＿质量保修期自工程竣工验收合格之日起计算。

三、质量保修责任

1. 属于保修范围、内容的项目,承包人应当在接到保修通知之日起7天内派人保修。承包人不在约定期限内派人保修的,发包人可以委托他人修理。

2. 发生紧急抢修事故的,承包人在接到事故通知后,应当立即到达事故现场抢修。

3. 对于涉及结构安全的质量问题,应当按照《房屋建筑工程质量保修办法》的规定,立即向当地建设行政主管部门报告,采取安全防范措施;由原设计单位或者具有相应资质等级的设计单位提出保修方案,承包人实施保修。

4. 质量保修完成后,由发包人组织验收。

四、保修费用

保修费用由造成质量缺陷的责任方承担。

五、其他

双方约定的其他工程质量保修事项: ＿＿＿＿＿＿＿＿＿＿＿

＿＿＿＿＿＿＿＿＿＿＿＿＿＿＿＿＿＿＿。＿＿＿＿＿＿＿＿＿

本工程质量保修书,由施工合同发包人、承包人双方在竣工验收前共同签署,作为施工合同附件,其有效期限至保修期满。

发包人 (公章)　　　　　　　　承包人 (公章)

法定代表人 (签字)　　　　　　法定代表人 (签字)

　　年　月　日　　　　　　　　年　月　日

房屋建筑和市政基础设施工程质量监督管理规定

中华人民共和国住房和城乡建设部令
第 5 号

　　《房屋建筑和市政基础设施工程质量监督管理规定》已经第 58 次住房和城乡建设部常务会议审议通过，现予发布，自 2010 年 9 月 1 日起施行。

住房和城乡建设部部长
二○一○年八月一日

　　第一条　为了加强房屋建筑和市政基础设施工程质量的监督，保护人民生命和财产安全，规范住房和城乡建设主管部门及工程质量监督机构（以下简称主管部门）的质量监督行为，根据《中华人民共和国建筑法》、《建设工程质量管理条例》等有关法律、行政法规，制定本规定。

　　第二条　在中华人民共和国境内主管部门实施对新建、扩建、改建房屋建筑和市政基础设施工程质量监督管理的，适用本规定。

　　第三条　国务院住房和城乡建设主管部门负责全国房屋建筑和市政基础设施工程（以下简称工程）质量监督管理工作。

　　县级以上地方人民政府建设主管部门负责本行政区域内工程质量监督管理工作。

　　工程质量监督管理的具体工作可以由县级以上地方人民政府建设主管部门委托所属的工程质量监督机构（以下简称监督机构）实施。

第四条 本规定所称工程质量监督管理，是指主管部门依据有关法律法规和工程建设强制性标准，对工程实体质量和工程建设、勘察、设计、施工、监理单位（以下简称工程质量责任主体）和质量检测等单位的工程质量行为实施监督。

本规定所称工程实体质量监督，是指主管部门对涉及工程主体结构安全、主要使用功能的工程实体质量情况实施监督。

本规定所称工程质量行为监督，是指主管部门对工程质量责任主体和质量检测等单位履行法定质量责任和义务的情况实施监督。

第五条 工程质量监督管理应当包括下列内容：

（一）执行法律法规和工程建设强制性标准的情况；

（二）抽查涉及工程主体结构安全和主要使用功能的工程实体质量；

（三）抽查工程质量责任主体和质量检测等单位的工程质量行为；

（四）抽查主要建筑材料、建筑构配件的质量；

（五）对工程竣工验收进行监督；

（六）组织或者参与工程质量事故的调查处理；

（七）定期对本地区工程质量状况进行统计分析；

（八）依法对违法违规行为实施处罚。

第六条 对工程项目实施质量监督，应当依照下列程序进行：

（一）受理建设单位办理质量监督手续；

（二）制订工作计划并组织实施；

（三）对工程实体质量、工程质量责任主体和质量检测等单位的工程质量行为进行抽查、抽测；

（四）监督工程竣工验收，重点对验收的组织形式、程序等是否符合有关规定进行监督；

（五）形成工程质量监督报告；

（六）建立工程质量监督档案。

第七条　工程竣工验收合格后，建设单位应当在建筑物明显部位设置永久性标牌，载明建设、勘察、设计、施工、监理单位等工程质量责任主体的名称和主要责任人姓名。

第八条　主管部门实施监督检查时，有权采取下列措施：

（一）要求被检查单位提供有关工程质量的文件和资料；

（二）进入被检查单位的施工现场进行检查；

（三）发现有影响工程质量的问题时，责令改正。

第九条　县级以上地方人民政府建设主管部门应当根据本地区的工程质量状况，逐步建立工程质量信用档案。

第十条　县级以上地方人民政府建设主管部门应当将工程质量监督中发现的涉及主体结构安全和主要使用功能的工程质量问题及整改情况，及时向社会公布。

第十一条　省、自治区、直辖市人民政府建设主管部门应当按照国家有关规定，对本行政区域内监督机构每三年进行一次考核。

监督机构经考核合格后，方可依法对工程实施质量监督，并对工程质量监督承担监督责任。

第十二条　监督机构应当具备下列条件：

（一）具有符合本规定第十三条规定的监督人员。人员数量由县级以上地方人民政府建设主管部门根据实际需要确定。监督人员应当占监督机构总人数的75%以上；

（二）有固定的工作场所和满足工程质量监督检查工作需要的仪器、设备和工具等；

（三）有健全的质量监督工作制度，具备与质量监督工作相适应的信息化管理条件。

第十三条　监督人员应当具备下列条件：

（一）具有工程类专业大学专科以上学历或者工程类执业注册资格；

（二）具有三年以上工程质量管理或者设计、施工、监理等工作经历；

（三）熟悉掌握相关法律法规和工程建设强制性标准；

（四）具有一定的组织协调能力和良好职业道德。

监督人员符合上述条件经考核合格后，方可从事工程质量监督工作。

第十四条 监督机构可以聘请中级职称以上的工程类专业技术人员协助实施工程质量监督。

第十五条 省、自治区、直辖市人民政府建设主管部门应当每两年对监督人员进行一次岗位考核，每年进行一次法律法规、业务知识培训，并适时组织开展继续教育培训。

第十六条 国务院住房和城乡建设主管部门对监督机构和监督人员的考核情况进行监督抽查。

第十七条 主管部门工作人员玩忽职守、滥用职权、徇私舞弊，构成犯罪的，依法追究刑事责任；尚不构成犯罪的，依法给予行政处分。

第十八条 抢险救灾工程、临时性房屋建筑工程和农民自建低层住宅工程，不适用本规定。

第十九条 省、自治区、直辖市人民政府建设主管部门可以根据本规定制定具体实施办法。

第二十条 本规定自 2010 年 9 月 1 日起施行。

房屋建筑和市政基础设施
工程施工分包管理办法

中华人民共和国住房和城乡建设部令
第 19 号

《住房和城乡建设部关于修改〈房屋建筑和市政基础设施工程施工分包管理办法〉的决定》已经第 15 次部常务会议审议通过，现予发布，自发布之日起施行。

住房城乡建设部部长
2014 年 8 月 27 日

第一条 为了规范房屋建筑和市政基础设施工程施工分包活动，维护建筑市场秩序，保证工程质量和施工安全，根据《中华人民共和国建筑法》、《中华人民共和国招标投标法》、《建设工程质量管理条例》等有关法律、法规，制定本办法。

第二条 在中华人民共和国境内从事房屋建筑和市政基础设施工程施工分包活动，实施对房屋建筑和市政基础设施工程施工分包活动的监督管理，适用本办法。

第三条 国务院建设行政主管部门负责全国房屋建筑和市政基础设施工程施工分包的监督管理工作。

县级以上地方人民政府建设行政主管部门负责本行政区域内房屋建筑和市政基础设施工程施工分包的监督管理工作。

第四条 本办法所称施工分包，是指建筑业企业将其所承包的房屋建筑和市政基础设施工程中的专业工程或者劳务作业发包给其他建筑业企业完成的活动。

第五条　房屋建筑和市政基础设施工程施工分包分为专业工程分包和劳务作业分包。

本办法所称专业工程分包，是指施工总承包企业（以下简称专业分包工程发包人）将其所承包工程中的专业工程发包给具有相应资质的其他建筑业企业（以下简称专业分包工程承包人）完成的活动。

本办法所称劳务作业分包，是指施工总承包企业或者专业承包企业（以下简称劳务作业发包人）将其承包工程中的劳务作业发包给劳务分包企业（以下简称劳务作业承包人）完成的活动。

本办法所称分包工程发包人包括本条第二款、第三款中的专业分包工程发包人和劳务作业发包人；分包工程承包人包括本条第二款、第三款中的专业分包工程承包人和劳务作业承包人。

第六条　房屋建筑和市政基础设施工程施工分包活动必须依法进行。

鼓励发展专业承包企业和劳务分包企业，提倡分包活动进入有形建筑市场公开交易，完善有形建筑市场的分包工程交易功能。

第七条　建设单位不得直接指定分包工程承包人。任何单位和个人不得对依法实施的分包活动进行干预。

第八条　分包工程承包人必须具有相应的资质，并在其资质等级许可的范围内承揽业务。

严禁个人承揽分包工程业务。

第九条　专业工程分包除在施工总承包合同中有约定外，必须经建设单位认可。专业分包工程承包人必须自行完成所承包的工程。

劳务作业分包由劳务作业发包人与劳务作业承包人通过劳务合同约定。劳务作业承包人必须自行完成所承包的任务。

第十条　分包工程发包人和分包工程承包人应当依法签订分包合同，并按照合同履行约定的义务。分包合同必须明确约定支付工程款和劳务工资的时间、结算方式以及保证按期支付的相应措施，确保工程款和劳务工资的支付。

分包工程发包人应当在订立分包合同后 7 个工作日内，将合同送工程所在地县级以上地方人民政府建设行政主管部门备案。分包合同发生重大变更的，分包工程发包人应当自变更后 7 个工作日内，将变更协议送原备案机关备案。

第十一条 分包工程发包人应当设立项目管理机构，组织管理所承包工程的施工活动。

项目管理机构应当具有与承包工程的规模、技术复杂程度相适应的技术、经济管理人员。其中，项目负责人、技术负责人、项目核算负责人、质量管理人员、安全管理人员必须是本单位的人员。具体要求由省、自治区、直辖市人民政府建设行政主管部门规定。

前款所指本单位人员，是指与本单位有合法的人事或者劳动合同、工资以及社会保险关系的人员。

第十二条 分包工程发包人可以就分包合同的履行，要求分包工程承包人提供分包工程履约担保；分包工程承包人在提供担保后，要求分包工程发包人同时提供分包工程付款担保的，分包工程发包人应当提供。

第十三条 禁止将承包的工程进行转包。不履行合同约定，将其承包的全部工程发包给他人，或者将其承包的全部工程肢解后以分包的名义分别发包给他人的，属于转包行为。

违反本办法第十二条规定，分包工程发包人将工程分包后，未在施工现场设立项目管理机构和派驻相应人员，并未对该工程的施工活动进行组织管理的，视同转包行为。

第十四条 禁止将承包的工程进行违法分包。下列行为，属于违法分包：

（一）分包工程发包人将专业工程或者劳务作业分包给不具备相应资质条件的分包工程承包人的；

（二）施工总承包合同中未有约定，又未经建设单位认可，分包工程发包人将承包工程中的部分专业工程分包给他人的。

第十五条 禁止转让、出借企业资质证书或者以其他方式允许他人以本企业名义承揽工程。

分包工程发包人没有将其承包的工程进行分包，在施工现场所设项目管理机构的项目负责人、技术负责人、项目核算负责人、质量管理人员、安全管理人员不是工程承包人本单位人员的，视同允许他人以本企业名义承揽工程。

第十六条 分包工程承包人应当按照分包合同的约定对其承包的工程向分包工程发包人负责。分包工程发包人和分包工程承包人就分包工程对建设单位承担连带责任。

第十七条 分包工程发包人对施工现场安全负责，并对分包工程承包人的安全生产进行管理。专业分包工程承包人应当将其分包工程的施工组织设计和施工安全方案报分包工程发包人备案，专业分包工程发包人发现事故隐患，应当及时作出处理。

分包工程承包人就施工现场安全向分包工程发包人负责，并应当服从分包工程发包人对施工现场的安全生产管理。

第十八条 违反本办法规定，转包、违法分包或者允许他人以本企业名义承揽工程的，按照《中国人民共和国建筑法》、《中华人民共和国招标投标法》和《建设工程质量管理条例》的规定予以处罚；对于接受转包、违法分包和用他人名义承揽工程的，处1万元以上3万元以下的罚款。

第十九条 未取得建筑业企业资质承接分包工程的，按照《中华人民共和国建筑法》第六十五条第三款和《建设工程质量管理条例》第六十条第一款、第二款的规定处罚。

第二十条 本办法自2004年4月1日起施行。原城乡建设环境保护部1986年4月30日发布的《建筑安装工程总分包实施办法》同时废止。

房屋建筑和市政基础设施工程竣工验收规定

住房城乡建设部关于印发《房屋建筑和市政
基础设施工程竣工验收规定》的通知
建质〔2013〕171号

各省、自治区住房城乡建设厅，直辖市建委（建设交通委、规委），新疆生产建设兵团建设局：

为贯彻《建设工程质量管理条例》，规范房屋建筑和市政基础设施工程的竣工验收，保证工程质量，现将《房屋建筑和市政基础设施工程竣工验收规定》印发给你们，请结合实际认真贯彻执行。

中华人民共和国住房和城乡建设部
2013年12月2日

第一条 为规范房屋建筑和市政基础设施工程的竣工验收，保证工程质量，根据《中华人民共和国建筑法》和《建设工程质量管理条例》，制定本规定。

第二条 凡在中华人民共和国境内新建、扩建、改建的各类房屋建筑和市政基础设施工程的竣工验收（以下简称工程竣工验收），应当遵守本规定。

第三条 国务院住房和城乡建设主管部门负责全国工程竣工验收的监督管理。

县级以上地方人民政府建设主管部门负责本行政区域内工程竣工验收的监督管理，具体工作可以委托所属的工程质量监督机构实施。

第四条　工程竣工验收由建设单位负责组织实施。

第五条　工程符合下列要求方可进行竣工验收：

（一）完成工程设计和合同约定的各项内容。

（二）施工单位在工程完工后对工程质量进行了检查，确认工程质量符合有关法律、法规和工程建设强制性标准，符合设计文件及合同要求，并提出工程竣工报告。工程竣工报告应经项目经理和施工单位有关负责人审核签字。

（三）对于委托监理的工程项目，监理单位对工程进行了质量评估，具有完整的监理资料，并提出工程质量评估报告。工程质量评估报告应经总监理工程师和监理单位有关负责人审核签字。

（四）勘察、设计单位对勘察、设计文件及施工过程中由设计单位签署的设计变更通知书进行了检查，并提出质量检查报告。质量检查报告应经该项目勘察、设计负责人和勘察、设计单位有关负责人审核签字。

（五）有完整的技术档案和施工管理资料。

（六）有工程使用的主要建筑材料、建筑构配件和设备的进场试验报告，以及工程质量检测和功能性试验资料。

（七）建设单位已按合同约定支付工程款。

（八）有施工单位签署的工程质量保修书。

（九）对于住宅工程，进行分户验收并验收合格，建设单位按户出具《住宅工程质量分户验收表》。

（十）建设主管部门及工程质量监督机构责令整改的问题全部整改完毕。

（十一）法律、法规规定的其他条件。

第六条　工程竣工验收应当按以下程序进行：

（一）工程完工后，施工单位向建设单位提交工程竣工报告，申请工程竣工验收。实行监理的工程，工程竣工报告须经总监理工程师签署意见。

（二）建设单位收到工程竣工报告后，对符合竣工验收要求的工程，组织勘察、设计、施工、监理等单位组成验收组，制定验收方案。对于重大工程和技术复杂工程，根据需要可邀请有关专家参加验收组。

（三）建设单位应当在工程竣工验收 7 个工作日前将验收的时间、地点及验收组名单书面通知负责监督该工程的工程质量监督机构。

（四）建设单位组织工程竣工验收。

1. 建设、勘察、设计、施工、监理单位分别汇报工程合同履约情况和在工程建设各个环节执行法律、法规和工程建设强制性标准的情况；

2. 审阅建设、勘察、设计、施工、监理单位的工程档案资料；

3. 实地查验工程质量；

4. 对工程勘察、设计、施工、设备安装质量和各管理环节等方面作出全面评价，形成经验收组人员签署的工程竣工验收意见。

参与工程竣工验收的建设、勘察、设计、施工、监理等各方不能形成一致意见时，应当协商提出解决的方法，待意见一致后，重新组织工程竣工验收。

第七条 工程竣工验收合格后，建设单位应当及时提出工程竣工验收报告。工程竣工验收报告主要包括工程概况，建设单位执行基本建设程序情况，对工程勘察、设计、施工、监理等方面的评价，工程竣工验收时间、程序、内容和组织形式，工程竣工验收意见等内容。

工程竣工验收报告还应附有下列文件：

（一）施工许可证。

（二）施工图设计文件审查意见。

（三）本规定第五条（二）、（三）、（四）、（八）项规定的文件。

（四）验收组人员签署的工程竣工验收意见。

（五）法规、规章规定的其他有关文件。

第八条 负责监督该工程的工程质量监督机构应当对工程竣工验收的组织形式、验收程序、执行验收标准等情况进行现场监督，发现有违反建设工程质量管理规定行为的，责令改正，并将对工程竣工验收的监督情况作为工程质量监督报告的重要内容。

第九条 建设单位应当自工程竣工验收合格之日起 15 日内，依照《房屋建筑和市政基础设施工程竣工验收备案管理办法》（住房和城乡建设部令第 2 号）的规定，向工程所在地的县级以上地方人民政府建设主管部门备案。

第十条 抢险救灾工程、临时性房屋建筑工程和农民自建低层住宅工程，不适用本规定。

第十一条 军事建设工程的管理，按照中央军事委员会的有关规定执行。

第十二条 省、自治区、直辖市人民政府住房和城乡建设主管部门可以根据本规定制定实施细则。

第十三条 本规定由国务院住房和城乡建设主管部门负责解释。

第十四条 本规定自发布之日起施行。《房屋建筑工程和市政基础设施工程竣工验收暂行规定》（建建〔2000〕142 号）同时废止。

房屋建筑和市政基础设施工程
竣工验收备案管理办法

中华人民共和国住房和城乡建设部令
第2号

《住房和城乡建设部关于修改〈房屋建筑工程和市政基础设施工程竣工验收备案管理暂行办法〉的决定》已经部常务会议审议通过现予发布，自发布之日起施行。

住房和城乡建设部部长
二〇〇九年十月十九日

（2000年4月4日建设部令第78号发布；根据2009年10月19日《住房和城乡建设部关于修改〈房屋建筑工程和市政基础设施工程竣工验收备案管理暂行办法〉的决定》修正）

第一条　为了加强房屋建筑和市政基础设施工程质量的管理，根据《建设工程质量管理条例》，制定本办法。

第二条　在中华人民共和国境内新建、扩建、改建各类房屋建筑和市政基础设施工程的竣工验收备案，适用本办法。

第三条　国务院住房和城乡建设主管部门负责全国房屋建筑和市政基础设施工程（以下统称工程）的竣工验收备案管理工作。

县级以上地方人民政府建设主管部门负责本行政区域内工程的竣工验收备案管理工作。

第四条 建设单位应当自工程竣工验收合格之日起 15 日内，依照本办法规定，向工程所在地的县级以上地方人民政府建设主管部门（以下简称备案机关）备案。

第五条 建设单位办理工程竣工验收备案应当提交下列文件：

（一）工程竣工验收备案表；

（二）工程竣工验收报告。竣工验收报告应当包括工程报建日期，施工许可证号，施工图设计文件审查意见，勘察、设计、施工、工程监理等单位分别签署的质量合格文件及验收人员签署的竣工验收原始文件，市政基础设施的有关质量检测和功能性试验资料以及备案机关认为需要提供的有关资料；

（三）法律、行政法规规定应当由规划、环保等部门出具的认可文件或者准许使用文件；

（四）法律规定应当由公安消防部门出具的对大型的人员密集场所和其他特殊建设工程验收合格的证明文件；

（五）施工单位签署的工程质量保修书；

（六）法规、规章规定必须提供的其他文件。

住宅工程还应当提交《住宅质量保证书》和《住宅使用说明书》。

第六条 备案机关收到建设单位报送的竣工验收备案文件，验证文件齐全后，应当在工程竣工验收备案表上签署文件收讫。

工程竣工验收备案表一式两份，一份由建设单位保存，一份留备案机关存档。

第七条 工程质量监督机构应当在工程竣工验收之日起 5 日内，向备案机关提交工程质量监督报告。

第八条 备案机关发现建设单位在竣工验收过程中有违反国家有关建设工程质量管理规定行为的，应当在收讫竣工验收备案文件 15 日内，责令停止使用，重新组织竣工验收。

第九条 建设单位在工程竣工验收合格之日起 15 日内未办理

工程竣工验收备案的，备案机关责令限期改正，处 20 万元以上 50
万元以下罚款。

第十条　建设单位将备案机关决定重新组织竣工验收的工程，
在重新组织竣工验收前，擅自使用的，备案机关责令停止使用，处
工程合同价款2%以上4%以下罚款。

第十一条　建设单位采用虚假证明文件办理工程竣工验收备案
的，工程竣工验收无效，备案机关责令停止使用，重新组织竣工验
收，处 20 万元以上 50 万元以下罚款；构成犯罪的，依法追究刑事
责任。

第十二条　备案机关决定重新组织竣工验收并责令停止使用的
工程，建设单位在备案之前已投入使用或者建设单位擅自继续使用
造成使用人损失的，由建设单位依法承担赔偿责任。

第十三条　竣工验收备案文件齐全，备案机关及其工作人员不
办理备案手续的，由有关机关责令改正，对直接责任人员给予行政
处分。

第十四条　抢险救灾工程、临时性房屋建筑工程和农民自建低
层住宅工程，不适用本办法。

第十五条　军用房屋建筑工程竣工验收备案，按照中央军事委
员会的有关规定执行。

第十六条　省、自治区、直辖市人民政府住房和城乡建设主管
部门可以根据本办法制定实施细则。

第十七条　本办法自发布之日起施行。

房屋建筑工程施工旁站
监理管理办法（试行）

建设部关于印发《房屋建筑工程施工
旁站监理管理办法（试行）》的通知
建市〔2002〕189号

各省、自治区建设厅，直辖市建委，国务院有关部门建设司，解放军总后营房部，新疆生产建设兵团，中央管理的有关总公司：

现将《房屋建筑工程施工旁站监理管理办法（试行）》印发给你们，请结合本地区、本部门实际情况认真贯彻执行。执行中有何问题，请及时告我部建筑市场管理司。

中华人民共和国建设部
二〇〇二年七月十七日

第一条 为加强对房屋建筑工程施工旁站监理的管理，保证工程质量，依据《建设工程质量管理条例》的有关规定，制定本办法。

第二条 本办法所称房屋建筑工程施工旁站监理（以下简称旁站监理），是指监理人员在房屋建筑工程施工阶段监理中，对关键部位、关键工序的施工质量实施全过程现场跟班的监督活动。

本办法所规定的房屋建筑工程的关键部位、关键工序，在基础工程方面包括：土方回填，混凝土灌注桩浇筑，地下连续墙、土钉墙、后浇带及其他结构混凝土、防水混凝土浇筑，卷材防水层细部构造处理，钢结构安装；在主体结构工程方面包括：梁柱节点钢筋隐蔽过程，混凝土浇筑，预应力张拉，装配式结构安装，钢结构安装，网架结构安装，索膜安装。

第三条　监理企业在编制监理规划时，应当制定旁站监理方案，明确旁站监理的范围、内容、程序和旁站监理人员职责等。旁站监理方案应当送建设单位和施工企业各一份，并抄送工程所在地的建设行政主管部门或其委托的工程质量监督机构。

第四条　施工企业根据监理企业制定的旁站监理方案，在需要实施旁站监理的关键部位、关键工序进行施工前24小时，应当书面通知监理企业派驻工地的项目监理机构。项目监理机构应当安排旁站监理人员按照旁站监理方案实施旁站监理。

第五条　旁站监理在总监理工程师的指导下，由现场监理人员负责具体实施。

第六条　旁站监理人员的主要职责是：

（一）检查施工企业现场质检人员到岗、特殊工种人员持证上岗以及施工机械、建筑材料准备情况；

（二）在现场跟班监督关键部位、关键工序的施工执行施工方案以及工程建设强制性标准情况；

（三）核查进场建筑材料、建筑构配件、设备和商品混凝土的质量检验报告等，并可在现场监督施工企业进行检验或者委托具有资格的第三方进行复验；

（四）做好旁站监理记录和监理日记，保存旁站监理原始资料。

第七条　旁站监理人员应当认真履行职责，对需要实施旁站监理的关键部位、关键工序在施工现场跟班监督，及时发现和处理旁站监理过程中出现的质量问题，如实准确地做好旁站监理记录。凡旁站监理人员和施工企业现场质检人员未在旁站监理记录上签字的，不得进行下一道工序施工。

第八条　旁站监理人员实施旁站监理时，发现施工企业有违反工程建设强制性标准行为的，有权责令施工企业立即整改；发现其施工活动已经或者可能危及工程质量的，应当及时向监理工程师或者总监理工程师报告，由总监理工程师下达局部暂停施工指令或者采取其他应急措施。

第九条　旁站监理记录是监理工程师或者总监理工程师依法行使有关签字权的重要依据。对于需要旁站监理的关键部位、关键工序施工，凡没有实施旁站监理或者没有旁站监理记录的，监理工程师或者总监理工程师不得在相应文件上签字。在工程竣工验收后，监理企业应当将旁站监理记录存档备查。

第十条　对于按照本办法规定的关键部位、关键工序实施旁站监理的，建设单位应当严格按照国家规定的监理取费标准执行；对于超出本办法规定的范围，建设单位要求监理企业实施旁站监理的，建设单位应当另行支付监理费用，具体费用标准由建设单位与监理企业在合同中约定。

第十一条　建设行政主管部门应当加强对旁站监理的监督检查，对于不按照本办法实施旁站监理的监理企业和有关监理人员要进行通报，责令整改，并作为不良记录载入该企业和有关人员的信用档案；情节严重的，在资质年检时应定为不合格，并按照下一个资质等级重新核定其资质等级；对于不按照本办法实施旁站监理而发生工程质量事故的，除依法对有关责任单位进行处罚外，还要依法追究监理企业和有关监理人员的相应责任。

第十二条　其他工程的施工旁站监理，可以参照本办法实施。

第十三条　本办法自2003年1月1日起施行。

建筑业企业资质管理规定

中华人民共和国住房和城乡建设部令

第 22 号

《建筑业企业资质管理规定》已经第 20 次部常务会议审议通过，现予发布，自 2015 年 3 月 1 日起施行。

住房城乡建设部部长

2015 年 1 月 22 日

第一章 总 则

第一条 为了加强对建筑活动的监督管理，维护公共利益和规范建筑市场秩序，保证建设工程质量安全，促进建筑业的健康发展，根据《中华人民共和国建筑法》、《中华人民共和国行政许可法》、《建设工程质量管理条例》、《建设工程安全生产管理条例》等法律、行政法规，制定本规定。

第二条 在中华人民共和国境内申请建筑业企业资质，实施对建筑业企业资质监督管理，适用本规定。

本规定所称建筑业企业，是指从事土木工程、建筑工程、线路管道设备安装工程的新建、扩建、改建等施工活动的企业。

第三条 企业应当按照其拥有的资产、主要人员、已完成的工程业绩和技术装备等条件申请建筑业企业资质，经审查合格，取得建筑业企业资质证书后，方可在资质许可的范围内从事建筑施工活动。

第四条 国务院住房城乡建设主管部门负责全国建筑业企业资质的统一监督管理。国务院交通运输、水利、工业信息化等有关部门配合国务院住房城乡建设主管部门实施相关资质类别建筑业企业资质的管理工作。

省、自治区、直辖市人民政府住房城乡建设主管部门负责本行政区域内建筑业企业资质的统一监督管理。省、自治区、直辖市人民政府交通运输、水利、通信等有关部门配合同级住房城乡建设主管部门实施本行政区域内相关资质类别建筑业企业资质的管理工作。

第五条 建筑业企业资质分为施工总承包资质、专业承包资质、施工劳务资质三个序列。

施工总承包资质、专业承包资质按照工程性质和技术特点分别划分为若干资质类别，各资质类别按照规定的条件划分为若干资质等级。施工劳务资质不分类别与等级。

第六条 建筑业企业资质标准和取得相应资质的企业可以承担工程的具体范围，由国务院住房城乡建设主管部门会同国务院有关部门制定。

第七条 国家鼓励取得施工总承包资质的企业拥有独资或者控股的劳务企业。

建筑业企业应当加强技术创新和人员培训，使用先进的建造技术、建筑材料，开展绿色施工。

第二章 申请与许可

第八条 企业可以申请一项或多项建筑业企业资质。

企业首次申请或增项申请资质，应当申请最低等级资质。

第九条 下列建筑业企业资质，由国务院住房城乡建设主管部门许可：

（一）施工总承包资质序列特级资质、一级资质及铁路工程施工总承包二级资质；

（二）专业承包资质序列公路、水运、水利、铁路、民航方面的专业承包一级资质及铁路、民航方面的专业承包二级资质；涉及多个专业的专业承包一级资质。

第十条 下列建筑业企业资质，由企业工商注册所在地省、自治区、直辖市人民政府住房城乡建设主管部门许可：

（一）施工总承包资质序列二级资质及铁路、通信工程施工总承包三级资质；

（二）专业承包资质序列一级资质（不含公路、水运、水利、铁路、民航方面的专业承包一级资质及涉及多个专业的专业承包一级资质）；

（三）专业承包资质序列二级资质（不含铁路、民航方面的专业承包二级资质）；铁路方面专业承包三级资质；特种工程专业承包资质。

第十一条 下列建筑业企业资质，由企业工商注册所在地设区的市人民政府住房城乡建设主管部门许可：

（一）施工总承包资质序列三级资质（不含铁路、通信工程施工总承包三级资质）；

（二）专业承包资质序列三级资质（不含铁路方面专业承包资质）及预拌混凝土、模板脚手架专业承包资质；

（三）施工劳务资质；

（四）燃气燃烧器具安装、维修企业资质。

第十二条 申请本规定第九条所列资质的，应当向企业工商注册所在地省、自治区、直辖市人民政府住房城乡建设主管部门提出申请。其中，国务院国有资产管理部门直接监管的建筑企业及其下属一层级的企业，可以由国务院国有资产管理部门直接监管的建筑企业向国务院住房城乡建设主管部门提出申请。

省、自治区、直辖市人民政府住房城乡建设主管部门应当自受理申请之日起20个工作日内初审完毕，并将初审意见和申请材料报国务院住房城乡建设主管部门。

国务院住房城乡建设主管部门应当自省、自治区、直辖市人民政府住房城乡建设主管部门受理申请材料之日起60个工作日内完成审查，公示审查意见，公示时间为10个工作日。其中，涉及公路、水运、水利、通信、铁路、民航等方面资质的，由国务院住房城乡建设主管部门会同国务院有关部门审查。

第十三条 本规定第十条规定的资质许可程序由省、自治区、直辖市人民政府住房城乡建设主管部门依法确定，并向社会公布。

本规定第十一条规定的资质许可程序由设区的市级人民政府住房城乡建设主管部门依法确定，并向社会公布。

第十四条 企业申请建筑业企业资质，应当提交以下材料：

（一）建筑业企业资质申请表及相应的电子文档；

（二）企业营业执照正副本复印件；

（三）企业章程复印件；

（四）企业资产证明文件复印件；

（五）企业主要人员证明文件复印件；

（六）企业资质标准要求的技术装备的相应证明文件复印件；

（七）企业安全生产条件有关材料复印件；

（八）按照国家有关规定应提交的其他材料。

第十五条　企业申请建筑业企业资质，应当如实提交有关申请材料。资质许可机关收到申请材料后，应当按照《中华人民共和国行政许可法》的规定办理受理手续。

第十六条　资质许可机关应当及时将资质许可决定向社会公开，并为公众查询提供便利。

第十七条　建筑业企业资质证书分为正本和副本，由国务院住房城乡建设主管部门统一印制，正、副本具备同等法律效力。资质证书有效期为5年。

第三章　延续与变更

第十八条　建筑业企业资质证书有效期届满，企业继续从事建筑施工活动的，应当于资质证书有效期届满3个月前，向原资质许可机关提出延续申请。

资质许可机关应当在建筑业企业资质证书有效期届满前做出是否准予延续的决定；逾期未做出决定的，视为准予延续。

第十九条　企业在建筑业企业资质证书有效期内名称、地址、注册资本、法定代表人等发生变更的，应当在工商部门办理变更手续后1个月内办理资质证书变更手续。

第二十条　由国务院住房城乡建设主管部门颁发的建筑业企业资质证书的变更，企业应当向企业工商注册所在地省、自治区、直辖市人民政府住房城乡建设主管部门提出变更申请，省、自治区、直辖市人民政府住房城乡建设主管部门应当自受理申请之日起2日内将有关变更证明材料报国务院住房城乡建设主管部门，由国务院住房城乡建设主管部门在2日内办理变更手续。

前款规定以外的资质证书的变更，由企业工商注册所在地的省、自治区、直辖市人民政府住房城乡建设主管部门或者设区的市人民政府住房城乡建设主管部门依法另行规定。变更结果应当在资质证书变更后 15 日内，报国务院住房城乡建设主管部门备案。

涉及公路、水运、水利、通信、铁路、民航等方面的建筑业企业资质证书的变更，办理变更手续的住房城乡建设主管部门应当将建筑业企业资质证书变更情况告知同级有关部门。

第二十一条 企业发生合并、分立、重组以及改制等事项，需承继原建筑业企业资质的，应当申请重新核定建筑业企业资质等级。

第二十二条 企业需更换、遗失补办建筑业企业资质证书的，应当持建筑业企业资质证书更换、遗失补办申请等材料向资质许可机关申请办理。资质许可机关应当在 2 个工作日内办理完毕。

企业遗失建筑业企业资质证书的，在申请补办前应当在公众媒体上刊登遗失声明。

第二十三条 企业申请建筑业企业资质升级、资质增项，在申请之日起前一年至资质许可决定作出前，有下列情形之一的，资质许可机关不予批准其建筑业企业资质升级申请和增项申请：

（一）超越本企业资质等级或以其他企业的名义承揽工程，或允许其他企业或个人以本企业的名义承揽工程的；

（二）与建设单位或企业之间相互串通投标，或以行贿等不正当手段谋取中标的；

（三）未取得施工许可证擅自施工的；

（四）将承包的工程转包或违法分包的；

（五）违反国家工程建设强制性标准施工的；

（六）恶意拖欠分包企业工程款或者劳务人员工资的；

（七）隐瞒或谎报、拖延报告工程质量安全事故，破坏事故现场、阻碍对事故调查的；

（八）按照国家法律、法规和标准规定需要持证上岗的现场管理人员和技术工种作业人员未取得证书上岗的；

（九）未依法履行工程质量保修义务或拖延履行保修义务的；

（十）伪造、变造、倒卖、出租、出借或者以其他形式非法转让建筑业企业资质证书的；

（十一）发生过较大以上质量安全事故或者发生过两起以上一般质量安全事故的；

（十二）其它违反法律、法规的行为。

第四章　监督管理

第二十四条　县级以上人民政府住房城乡建设主管部门和其他有关部门应当依照有关法律、法规和本规定，加强对企业取得建筑业企业资质后是否满足资质标准和市场行为的监督管理。

上级住房城乡建设主管部门应当加强对下级住房城乡建设主管部门资质管理工作的监督检查，及时纠正建筑业企业资质管理中的违法行为。

第二十五条　住房城乡建设主管部门、其他有关部门的监督检查人员履行监督检查职责时，有权采取下列措施：

（一）要求被检查企业提供建筑业企业资质证书、企业有关人员的注册执业证书、职称证书、岗位证书和考核或者培训合格证书，有关施工业务的文档，有关质量管理、安全生产管理、合同管理、档案管理、财务管理等企业内部管理制度的文件；

（二）进入被检查企业进行检查，查阅相关资料；

（三）纠正违反有关法律、法规和本规定及有关规范和标准的行为。

监督检查人员应当将监督检查情况和处理结果予以记录，由监督检查人员和被检查企业的有关人员签字确认后归档。

第二十六条　住房城乡建设主管部门、其他有关部门的监督检查人员在实施监督检查时，应当出示证件，并要有两名以上人员参加。

监督检查人员应当为被检查企业保守商业秘密，不得索取或者收受企业的财物，不得谋取其他利益。

有关企业和个人对依法进行的监督检查应当协助与配合，不得拒绝或者阻挠。

监督检查机关应当将监督检查的处理结果向社会公布。

第二十七条 企业违法从事建筑活动的，违法行为发生地的县级以上地方人民政府住房城乡建设主管部门或者其他有关部门应当依法查处，并将违法事实、处理结果或者处理建议及时告知该建筑业企业资质的许可机关。

对取得国务院住房城乡建设主管部门颁发的建筑业企业资质证书的企业需要处以停业整顿、降低资质等级、吊销资质证书行政处罚的，县级以上地方人民政府住房城乡建设主管部门或者其他有关部门，应当通过省、自治区、直辖市人民政府住房城乡建设主管部门或者国务院有关部门，将违法事实、处理建议及时报送国务院住房城乡建设主管部门。

第二十八条 取得建筑业企业资质证书的企业，应当保持资产、主要人员、技术装备等方面满足相应建筑业企业资质标准要求的条件。

企业不再符合相应建筑业企业资质标准要求条件的，县级以上地方人民政府住房城乡建设主管部门、其他有关部门，应当责令其限期改正并向社会公告，整改期限最长不超过 3 个月；企业整改期间不得申请建筑业企业资质的升级、增项，不能承揽新的工程；逾期仍未达到建筑业企业资质标准要求条件的，资质许可机关可以撤回其建筑业企业资质证书。

被撤回建筑业企业资质证书的企业，可以在资质被撤回后 3 个月内，向资质许可机关提出核定低于原等级同类别资质的申请。

第二十九条 有下列情形之一的，资质许可机关应当撤销建筑业企业资质：

（一）资质许可机关工作人员滥用职权、玩忽职守准予资质许可的；

（二）超越法定职权准予资质许可的；

（三）违反法定程序准予资质许可的；

（四）对不符合资质标准条件的申请企业准予资质许可的；

（五）依法可以撤销资质许可的其他情形。

以欺骗、贿赂等不正当手段取得资质许可的，应当予以撤销。

第三十条 有下列情形之一的，资质许可机关应当依法注销建筑业企业资质，并向社会公布其建筑业企业资质证书作废，企业应当及时将建筑业企业资质证书交回资质许可机关：

（一）资质证书有效期届满，未依法申请延续的；

（二）企业依法终止的；

（三）资质证书依法被撤回、撤销或吊销的；

（四）企业提出注销申请的；

（五）法律、法规规定的应当注销建筑业企业资质的其他情形。

第三十一条 有关部门应当将监督检查情况和处理意见及时告知资质许可机关。资质许可机关应当将涉及有关公路、水运、水利、通信、铁路、民航等方面的建筑业企业资质许可被撤回、撤销、吊销和注销的情况告知同级有关部门。

第三十二条 资质许可机关应当建立、健全建筑业企业信用档案管理制度。建筑业企业信用档案应当包括企业基本情况、资质、业绩、工程质量和安全、合同履约、社会投诉和违法行为等情况。

企业的信用档案信息按照有关规定向社会公开。

取得建筑业企业资质的企业应当按照有关规定，向资质许可机关提供真实、准确、完整的企业信用档案信息。

第三十三条 县级以上地方人民政府住房城乡建设主管部门或其它有关部门依法给予企业行政处罚的，应当将行政处罚决定以及给予行政处罚的事实、理由和依据，通过省、自治区、直辖市人民政府住房城乡建设主管部门或者国务院有关部门报国务院住房城乡建设主管部门备案。

第三十四条　资质许可机关应当推行建筑业企业资质许可电子化，建立建筑业企业资质管理信息系统。

第五章　法律责任

第三十五条　申请企业隐瞒有关真实情况或者提供虚假材料申请建筑业企业资质的，资质许可机关不予许可，并给予警告，申请企业在 1 年内不得再次申请建筑业企业资质。

第三十六条　企业以欺骗、贿赂等不正当手段取得建筑业企业资质的，由原资质许可机关予以撤销；由县级以上地方人民政府住房城乡建设主管部门或者其他有关部门给予警告，并处 3 万元的罚款；申请企业 3 年内不得再次申请建筑业企业资质。

第三十七条　企业有本规定第二十三条行为之一，《中华人民共和国建筑法》、《建设工程质量管理条例》和其他有关法律、法规对处罚机关和处罚方式有规定的，依照法律、法规的规定执行；法律、法规未作规定的，由县级以上地方人民政府住房城乡建设主管部门或者其他有关部门给予警告，责令改正，并处 1 万元以上 3 万元以下的罚款。

第三十八条　企业未按照本规定及时办理建筑业企业资质证书变更手续的，由县级以上地方人民政府住房城乡建设主管部门责令限期办理；逾期不办理的，可处以 1000 元以上 1 万元以下的罚款。

第三十九条　企业在接受监督检查时，不如实提供有关材料，或者拒绝、阻碍监督检查的，由县级以上地方人民政府住房城乡建设主管部门责令限期改正，并可以处 3 万元以下罚款。

第四十条　企业未按照本规定要求提供企业信用档案信息的，由县级以上地方人民政府住房城乡建设主管部门或者其他有关部门给予警告，责令限期改正；逾期未改正的，可处以 1000 元以上 1 万元以下的罚款。

第四十一条　县级以上人民政府住房城乡建设主管部门及其工作人员，违反本规定，有下列情形之一的，由其上级行政机关或者监察机关责令改正；对直接负责的主管人员和其他直接责任人员，依法给予行政处分；直接负责的主管人员和其他直接责任人员构成犯罪的，依法追究刑事责任：

（一）对不符合资质标准规定条件的申请企业准予资质许可的；

（二）对符合受理条件的申请企业不予受理或者未在法定期限内初审完毕的；

（三）对符合资质标准规定条件的申请企业不予许可或者不在法定期限内准予资质许可的；

（四）发现违反本规定规定的行为不予查处，或者接到举报后不依法处理的；

（五）在企业资质许可和监督管理中，利用职务上的便利，收受他人财物或者其他好处，以及有其他违法行为的。

第六章　附　则

第四十二条　本规定自 2015 年 3 月 1 日起施行。2007 年 6 月 26 日建设部颁布的《建筑业企业资质管理规定》（建设部令第 159 号）同时废止。

附 录

住房城乡建设部关于建筑业企业
资质管理有关问题的通知

建市〔2015〕154号

各省、自治区住房城乡建设厅，直辖市建委，新疆生产建设兵团建设局，国务院有关部门建设司，总后基建营房部工程管理局：

为充分发挥市场配置资源的决定性作用，进一步简政放权，促进建筑业发展，现就建筑业企业资质有关问题通知如下：

一、取消《施工总承包企业特级资质标准》（建市〔2007〕72号）中关于国家级工法、专利、国家级科技进步奖项、工程建设国家或行业标准等考核指标要求。对于申请施工总承包特级资质的企业，不再考核上述指标。

二、取消《建筑业企业资质标准》（建市〔2014〕159号）中建筑工程施工总承包一级资质企业可承担单项合同额3000万元以上建筑工程的限制。取消《建筑业企业资质管理规定和资质标准实施意见》（建市〔2015〕20号）特级资质企业限承担施工单项合同额6000万元以上建筑工程的限制以及《施工总承包企业特级资质标准》（建市〔2007〕72号）特级资质企业限承担施工单项合同额3000万元以上房屋建筑工程的限制。

三、将《建筑业企业资质标准》（建市〔2014〕159号）中钢结构工程专业承包一级资质承包工程范围修改为：可承担各类钢结构工程的施工。

四、将《建筑业企业资质管理规定和资质标准实施意见》（建市〔2015〕20号）规定的资质换证调整为简单换证，资质许可机关取消对企业资产、主要人员、技术装备指标的考核，企业按照《建筑业企业资质管理规定》（住房城乡建设部令第22号）确定的审批权限以及建市〔2015〕20号文件规定的对应换证类别和等级要求，持旧版建筑业企业资质证书到资质许可机关直接申请换发新版建筑业企业资质证书（具体换证要求另行通知）。将过渡期调整至2016年6月30日，2016年7月1日起，旧版建筑业企业资质证书失效。

五、取消《建筑业企业资质管理规定和资质标准实施意见》（建市〔2015〕20号）第二十八条"企业申请资质升级（含一级升特级）、资质增项的，资质许可机关应对其既有全部建筑业企业资质要求的资产和主要人员是否满足标准要求进行检查"的规定；取消第四十二条关于"企业最多只能选择5个类别的专业承包资质换证，超过5个类别的其他专业承包资质按资质增项要求提出申请"的规定。

六、劳务分包（脚手架作业分包和模板作业分包除外）企业资质暂不换证。

各地要认真组织好建筑业企业资质换证工作，加强事中事后监管，适时对本地区取得建筑业企业资质的企业是否满足资质标准条件进行动态核查。

本通知自发布之日起施行。

中华人民共和国住房和城乡建设部

2015年10月9日

中华人民共和国招标投标法

中华人民共和国主席令

第 21 号

《中华人民共和国招标投标法》已由中华人民共和国第九届全国人民代表大会常务委员会第十一次会议于 1999 年 8 月 30 日通过，现予公布，自 2000 年 1 月 1 日起施行。

中华人民共和国主席 江泽民

1999 年 8 月 30 日

第一章 总 则

第一条 为了规范招标投标活动，保护国家利益、社会公共利益和招标投标活动当事人的合法权益，提高经济效益，保证项目质量，制定本法。

第二条 在中华人民共和国境内进行招标投标活动，适用本法。

第三条 在中华人民共和国境内进行下列工程建设项目包括项

目的勘察、设计、施工、监理以及与工程建设有关的重要设备、材料等的采购，必须进行招标：

（一）大型基础设施、公用事业等关系社会公共利益、公众安全的项目；

（二）全部或者部分使用国有资金投资或者国家融资的项目；

（三）使用国际组织或者外国政府贷款、援助资金的项目。

前款所列项目的具体范围和规模标准，由国务院发展计划部门会同国务院有关部门制订，报国务院批准。

法律或者国务院对必须进行招标的其他项目的范围有规定的，依照其规定。

第四条 任何单位和个人不得将依法必须进行招标的项目化整为零或者以其他任何方式规避招标。

第五条 招标投标活动应当遵循公开、公平、公正和诚实信用的原则。

第六条 依法必须进行招标的项目，其招标投标活动不受地区或者部门的限制。任何单位和个人不得违法限制或者排斥本地区、本系统以外的法人或者其他组织参加投标，不得以任何方式非法干涉招标投标活动。

第七条 招标投标活动及其当事人应当接受依法实施的监督。

有关行政监督部门依法对招标投标活动实施监督，依法查处招标投标活动中的违法行为。

对招标投标活动的行政监督及有关部门的具体职权划分，由国务院规定。

第二章 招 标

第八条 招标人是依照本法规定提出招标项目、进行招标的法人或者其他组织。

第九条 招标项目按照国家有关规定需要履行项目审批手续的，应当先履行审批手续，取得批准。

招标人应当有进行招标项目的相应资金或者资金来源已经落实，并应当在招标文件中如实载明。

第十条 招标分为公开招标和邀请招标。

公开招标，是指招标人以招标公告的方式邀请不特定的法人或者其他组织投标。

邀请招标，是指招标人以投标邀请书的方式邀请特定的法人或者其他组织投标。

第十一条 国务院发展计划部门确定的国家重点项目和省、自治区、直辖市人民政府确定的地方重点项目不适宜公开招标的，经国务院发展计划部门或者省、自治区、直辖市人民政府批准，可以进行邀请招标。

第十二条 招标人有权自行选择招标代理机构，委托其办理招标事宜。任何单位和个人不得以任何方式为招标人指定招标代理机构。

招标人具有编制招标文件和组织评标能力的，可以自行办理招标事宜。任何单位和个人不得强制其委托招标代理机构办理招标事宜。

依法必须进行招标的项目，招标人自行办理招标事宜的，应当向有关行政监督部门备案。

第十三条 招标代理机构是依法设立、从事招标代理业务并提供相关服务的社会中介组织。

招标代理机构应当具备下列条件：

（一）有从事招标代理业务的营业场所和相应资金；

（二）有能够编制招标文件和组织评标的相应专业力量；

（三）有符合本法第三十七条第三款规定条件、可以作为评标委员会成员人选的技术、经济等方面的专家库。

第十四条 从事工程建设项目招标代理业务的招标代理机构，其资格由国务院或者省、自治区、直辖市人民政府的建设行政主管部门认定。具体办法由国务院建设行政主管部门会同国务院有关部门制定。从事其他招标代理业务的招标代理机构，其资格认定的主管部门由国务院规定。

招标代理机构与行政机关和其他国家机关不得存在隶属关系或者其他利益关系。

第十五条 招标代理机构应当在招标人委托的范围内办理招标事宜，并遵守本法关于招标人的规定。

第十六条 招标人采用公开招标方式的，应当发布招标公告。依法必须进行招标的项目的招标公告，应当通过国家指定的报刊、信息网络或者其他媒介发布。

招标公告应当载明招标人的名称和地址、招标项目的性质、数量、实施地点和时间以及获取招标文件的办法等事项。

第十七条 招标人采用邀请招标方式的，应当向三个以上具备承担招标项目的能力、资信良好的特定的法人或者其他组织发出投标邀请书。

投标邀请书应当载明本法第十六条第二款规定的事项。

第十八条 招标人可以根据招标项目本身的要求，在招标公告或者投标邀请书中，要求潜在投标人提供有关资质证明文件和业绩情况，并对潜在投标人进行资格审查；国家对投标人的资格条件有规定的，依照其规定。

招标人不得以不合理的条件限制或者排斥潜在投标人，不得对潜在投标人实行歧视待遇。

第十九条 招标人应当根据招标项目的特点和需要编制招标文件。招标文件应当包括招标项目的技术要求、对投标人资格审查的标准、投标报价要求和评标标准等所有实质性要求和条件以及拟签订合同的主要条款。

国家对招标项目的技术、标准有规定的，招标人应当按照其规定在招标文件中提出相应要求。

招标项目需要划分标段、确定工期的，招标人应当合理划分标段、确定工期，并在招标文件中载明。

第二十条 招标文件不得要求或者标明特定的生产供应者以及含有倾向或者排斥潜在投标人的其他内容。

第二十一条 招标人根据招标项目的具体情况，可以组织潜在投标人踏勘项目现场。

第二十二条 招标人不得向他人透露已获取招标文件的潜在投标人的名称、数量以及可能影响公平竞争的有关招标投标的其他情况。

招标人设有标底的，标底必须保密。

第二十三条 招标人对已发出的招标文件进行必要的澄清或者修改的，应当在招标文件要求提交投标文件截止时间至少十五日前，以书面形式通知所有招标文件收受人。该澄清或者修改的内容为招标文件的组成部分。

第二十四条 招标人应当确定投标人编制投标文件所需要的合理时间；但是，依法必须进行招标的项目，自招标文件开始发出之日起至投标人提交投标文件截止之日止，最短不得少于二十日。

第三章　投　标

第二十五条 投标人是响应招标、参加投标竞争的法人或者其他组织。

依法招标的科研项目允许个人参加投标的，投标的个人适用本法有关投标人的规定。

第二十六条 投标人应当具备承担招标项目的能力；国家有关

规定对投标人资格条件或者招标文件对投标人资格条件有规定的，投标人应当具备规定的资格条件。

第二十七条　投标人应当按照招标文件的要求编制投标文件。投标文件应当对招标文件提出的实质性要求和条件作出响应。

招标项目属于建设施工的，投标文件的内容应当包括拟派出的项目负责人与主要技术人员的简历、业绩和拟用于完成招标项目的机械设备等。

第二十八条　投标人应当在招标文件要求提交投标文件的截止时间前，将投标文件送达投标地点。招标人收到投标文件后，应当签收保存，不得开启。投标人少于三个的，招标人应当依照本法重新招标。

在招标文件要求提交投标文件的截止时间后送达的投标文件，招标人应当拒收。

第二十九条　投标人在招标文件要求提交投标文件的截止时间前，可以补充、修改或者撤回已提交的投标文件，并书面通知招标人。补充、修改的内容为投标文件的组成部分。

第三十条　投标人根据招标文件载明的项目实际情况，拟在中标后将中标项目的部分非主体、非关键性工作进行分包的，应当在投标文件中载明。

第三十一条　两个以上法人或者其他组织可以组成一个联合体，以一个投标人的身份共同投标。

联合体各方均应当具备承担招标项目的相应能力；国家有关规定或者招标文件对投标人资格条件有规定的，联合体各方均应当具备规定的相应资格条件。由同一专业的单位组成的联合体，按照资质等级较低的单位确定资质等级。

联合体各方应当签订共同投标协议，明确约定各方拟承担的工作和责任，并将共同投标协议连同投标文件一并提交招标人。联合体中标的，联合体各方应当共同与招标人签订合同，就中标项目向招标人承担连带责任。

招标人不得强制投标人组成联合体共同投标，不得限制投标人之间的竞争。

第三十二条 投标人不得相互串通投标报价，不得排挤其他投标人的公平竞争，损害招标人或者其他投标人的合法权益。

投标人不得与招标人串通投标，损害国家利益、社会公共利益或者他人的合法权益。

禁止投标人以向招标人或者评标委员会成员行贿的手段谋取中标。

第三十三条 投标人不得以低于成本的报价竞标，也不得以他人名义投标或者以其他方式弄虚作假，骗取中标。

第四章 开标、评标和中标

第三十四条 开标应当在招标文件确定的提交投标文件截止时间的同一时间公开进行；开标地点应当为招标文件中预先确定的地点。

第三十五条 开标由招标人主持，邀请所有投标人参加。

第三十六条 开标时，由投标人或者其推选的代表检查投标文件的密封情况，也可以由招标人委托的公证机构检查并公证；经确认无误后，由工作人员当众拆封，宣读投标人名称、投标价格和投标文件的其他主要内容。

招标人在招标文件要求提交投标文件的截止时间前收到的所有投标文件，开标时都应当当众予以拆封、宣读。

开标过程应当记录，并存档备查。

第三十七条 评标由招标人依法组建的评标委员会负责。

依法必须进行招标的项目，其评标委员会由招标人的代表和有关技术、经济等方面的专家组成，成员人数为五人以上单数，其中技术、经济等方面的专家不得少于成员总数的三分之二。

前款专家应当从事相关领域工作满八年并具有高级职称或者具有同等专业水平，由招标人从国务院有关部门或者省、自治区、直辖市人民政府有关部门提供的专家名册或者招标代理机构的专家库内的相关专业的专家名单中确定；一般招标项目可以采取随机抽取方式，特殊招标项目可以由招标人直接确定。

与投标人有利害关系的人不得进入相关项目的评标委员会；已经进入的应当更换。

评标委员会成员的名单在中标结果确定前应当保密。

第三十八条　招标人应当采取必要的措施，保证评标在严格保密的情况下进行。

任何单位和个人不得非法干预、影响评标的过程和结果。

第三十九条　评标委员会可以要求投标人对投标文件中含义不明确的内容作必要的澄清或者说明，但是澄清或者说明不得超出投标文件的范围或者改变投标文件的实质性内容。

第四十条　评标委员会应当按照招标文件确定的评标标准和方法，对投标文件进行评审和比较；设有标底的，应当参考标底。评标委员会完成评标后，应当向招标人提出书面评标报告，并推荐合格的中标候选人。

招标人根据评标委员会提出的书面评标报告和推荐的中标候选人确定中标人。招标人也可以授权评标委员会直接确定中标人。

国务院对特定招标项目的评标有特别规定的，从其规定。

第四十一条　中标人的投标应当符合下列条件之一：

（一）能够最大限度地满足招标文件中规定的各项综合评价标准；

（二）能够满足招标文件的实质性要求，并且经评审的投标价格最低；但是投标价格低于成本的除外。

第四十二条 评标委员会经评审，认为所有投标都不符合招标文件要求的，可以否决所有投标。

依法必须进行招标的项目的所有投标被否决的，招标人应当依照本法重新招标。

第四十三条 在确定中标人前，招标人不得与投标人就投标价格、投标方案等实质性内容进行谈判。

第四十四条 评标委员会成员应当客观、公正地履行职务，遵守职业道德，对所提出的评审意见承担个人责任。

评标委员会成员不得私下接触投标人，不得收受投标人的财物或者其他好处。

评标委员会成员和参与评标的有关工作人员不得透露对投标文件的评审和比较、中标候选人的推荐情况以及与评标有关的其他情况。

第四十五条 中标人确定后，招标人应当向中标人发出中标通知书，并同时将中标结果通知所有未中标的投标人。

中标通知书对招标人和中标人具有法律效力。中标通知书发出后，招标人改变中标结果的，或者中标人放弃中标项目的，应当依法承担法律责任。

第四十六条 招标人和中标人应当自中标通知书发出之日起三十日内，按照招标文件和中标人的投标文件订立书面合同。招标人和中标人不得再行订立背离合同实质性内容的其他协议。

招标文件要求中标人提交履约保证金的，中标人应当提交。

第四十七条 依法必须进行招标的项目，招标人应当自确定中标人之日起十五日内，向有关行政监督部门提交招标投标情况的书面报告。

第四十八条 中标人应当按照合同约定履行义务，完成中标项目。中标人不得向他人转让中标项目，也不得将中标项目肢解后分别向他人转让。

中标人按照合同约定或者经招标人同意，可以将中标项目的部分非主体、非关键性工作分包给他人完成。接受分包的人应当具备相应的资格条件，并不得再次分包。

中标人应当就分包项目向招标人负责，接受分包的人就分包项目承担连带责任。

第五章　法律责任

第四十九条　违反本法规定，必须进行招标的项目而不招标的，将必须进行招标的项目化整为零或者以其他任何方式规避招标的，责令限期改正，可以处项目合同金额千分之五以上千分之十以下的罚款；对全部或者部分使用国有资金的项目，可以暂停项目执行或者暂停资金拨付；对单位直接负责的主管人员和其他直接责任人员依法给予处分。

第五十条　招标代理机构违反本法规定，泄露应当保密的与招标投标活动有关的情况和资料的，或者与招标人、投标人串通损害国家利益、社会公共利益或者他人合法权益的，处五万元以上二十五万元以下的罚款，对单位直接负责的主管人员和其他直接责任人员处单位罚款数额百分之五以上百分之十以下的罚款；有违法所得的，并处没收违法所得；情节严重的，暂停直至取消招标代理资格；构成犯罪的，依法追究刑事责任。给他人造成损失的，依法承担赔偿责任。

前款所列行为影响中标结果的，中标无效。

第五十一条　招标人以不合理的条件限制或者排斥潜在投标人的，对潜在投标人实行歧视待遇的，强制要求投标人组成联合体共同投标的，或者限制投标人之间竞争的，责令改正，可以处一万元以上五万元以下的罚款。

第五十二条　依法必须进行招标的项目的招标人向他人透露

已获取招标文件的潜在投标人的名称、数量或者可能影响公平竞争的有关招标投标的其他情况的，或者泄露标底的，给予警告，可以并处一万元以上十万元以下的罚款；对单位直接负责的主管人员和其他直接责任人员依法给予处分；构成犯罪的，依法追究刑事责任。

前款所列行为影响中标结果的，中标无效。

第五十三条 投标人相互串通投标或者与招标人串通投标的，投标人以向招标人或者评标委员会成员行贿的手段谋取中标的，中标无效，处中标项目金额千分之五以上千分之十以下的罚款，对单位直接负责的主管人员和其他直接责任人员处单位罚款数额百分之五以上百分之十以下的罚款；有违法所得的，并处没收违法所得；情节严重的，取消其一年至二年内参加依法必须进行招标的项目的投标资格并予以公告，直至由工商行政管理机关吊销营业执照；构成犯罪的，依法追究刑事责任。给他人造成损失的，依法承担赔偿责任。

第五十四条 投标人以他人名义投标或者以其他方式弄虚作假，骗取中标的，中标无效，给招标人造成损失的，依法承担赔偿责任；构成犯罪的，依法追究刑事责任。

依法必须进行招标的项目的投标人有前款所列行为尚未构成犯罪的，处中标项目金额千分之五以上千分之十以下的罚款，对单位直接负责的主管人员和其他直接责任人员处单位罚款数额百分之五以上百分之十以下的罚款；有违法所得的，并处没收违法所得；情节严重的，取消其一年至三年内参加依法必须进行招标的项目的投标资格并予以公告，直至由工商行政管理机关吊销营业执照。

第五十五条 依法必须进行招标的项目，招标人违反本法规定，与投标人就投标价格、投标方案等实质性内容进行谈判的，给予警告，对单位直接负责的主管人员和其他直接责任人员依法给予处分。

前款所列行为影响中标结果的，中标无效。

第五十六条 评标委员会成员收受投标人的财物或者其他好处的，评标委员会成员或者参加评标的有关工作人员向他人透露对投标文件的评审和比较、中标候选人的推荐以及与评标有关的其他情况的，给予警告，没收收受的财物，可以并处三千元以上五万元以下的罚款，对有所列违法行为的评标委员会成员取消担任评标委员会成员的资格，不得再参加任何依法必须进行招标的项目的评标；构成犯罪的，依法追究刑事责任。

第五十七条 招标人在评标委员会依法推荐的中标候选人以外确定中标人的，依法必须进行招标的项目在所有投标被评标委员会否决后自行确定中标人的，中标无效。责令改正，可以处中标项目金额千分之五以上千分之十以下的罚款；对单位直接负责的主管人员和其他直接责任人员依法给予处分。

第五十八条 中标人将中标项目转让给他人的，将中标项目肢解后分别转让给他人的，违反本法规定将中标项目的部分主体、关键性工作分包给他人的，或者分包人再次分包的，转让、分包无效，处转让、分包项目金额千分之五以上千分之十以下的罚款；有违法所得的，并处没收违法所得；可以责令停业整顿；情节严重的，由工商行政管理机关吊销营业执照。

第五十九条 招标人与中标人不按照招标文件和中标人的投标文件订立合同的，或者招标人、中标人订立背离合同实质性内容的协议的，责令改正；可以处中标项目金额千分之五以上千分之十以下的罚款。

第六十条 中标人不履行与招标人订立的合同的，履约保证金不予退还，给招标人造成的损失超过履约保证金数额的，还应当对超过部分予以赔偿；没有提交履约保证金的，应当对招标人的损失承担赔偿责任。

中标人不按照与招标人订立的合同履行义务，情节严重的，取消其二年至五年内参加依法必须进行招标的项目的投标资格并予以公告，直至由工商行政管理机关吊销营业执照。

因不可抗力不能履行合同的，不适用前两款规定。

第六十一条 本章规定的行政处罚，由国务院规定的有关行政监督部门决定。本法已对实施行政处罚的机关作出规定的除外。

第六十二条 任何单位违反本法规定，限制或者排斥本地区、本系统以外的法人或者其他组织参加投标的，为招标人指定招标代理机构的，强制招标人委托招标代理机构办理招标事宜的，或者以其他方式干涉招标投标活动的，责令改正；对单位直接负责的主管人员和其他直接责任人员依法给予警告、记过、记大过的处分，情节较重的，依法给予降级、撤职、开除的处分。

个人利用职权进行前款违法行为的，依照前款规定追究责任。

第六十三条 对招标投标活动依法负有行政监督职责的国家机关工作人员徇私舞弊、滥用职权或者玩忽职守，构成犯罪的，依法追究刑事责任；不构成犯罪的，依法给予行政处分。

第六十四条 依法必须进行招标的项目违反本法规定，中标无效的，应当依照本法规定的中标条件从其余投标人中重新确定中标人或者依照本法重新进行招标。

第六章 附 则

第六十五条 投标人和其他利害关系人认为招标投标活动不符合本法有关规定的，有权向招标人提出异议或者依法向有关行政监督部门投诉。

第六十六条 涉及国家安全、国家秘密、抢险救灾或者属于利用扶贫资金实行以工代赈、需要使用农民工等特殊情况，不适宜进行招标的项目，按照国家有关规定可以不进行招标。

第六十七条 使用国际组织或者外国政府贷款、援助资金的项目进行招标，贷款方、资金提供方对招标投标的具体条件和程序有不同规定的，可以适用其规定，但违背中华人民共和国的社会公共利益的除外。

第六十八条 本法自 2000 年 1 月 1 日起施行。

附　录

建筑工程设计招标投标管理办法

中华人民共和国住房和城乡建设部令
第 33 号

《建筑工程设计招标投标管理办法》已经第 32 次部常务会议审议通过，现予发布，自 2017 年 5 月 1 日起施行。

住房城乡建设部部长
2017 年 1 月 24 日

第一条　为规范建筑工程设计市场，提高建筑工程设计水平，促进公平竞争，繁荣建筑创作，根据《中华人民共和国建筑法》、《中华人民共和国招标投标法》、《建设工程勘察设计管理条例》和《中华人民共和国招标投标法实施条例》等法律法规，制定本办法。

第二条　依法必须进行招标的各类房屋建筑工程，其设计招标投标活动，适用本办法。

第三条　国务院住房城乡建设主管部门依法对全国建筑工程设计招标投标活动实施监督。

县级以上地方人民政府住房城乡建设主管部门依法对本行政区域内建筑工程设计招标投标活动实施监督，依法查处招标投标活动中的违法违规行为。

第四条　建筑工程设计招标范围和规模标准按照国家有关规定执行，有下列情形之一的，可以不进行招标：

（一）采用不可替代的专利或者专有技术的；

（二）对建筑艺术造型有特殊要求，并经有关主管部门批准的；

（三）建设单位依法能够自行设计的；

（四）建筑工程项目的改建、扩建或者技术改造，需要由原设计单位设计，否则将影响功能配套要求的；

（五）国家规定的其他特殊情形。

第五条　建筑工程设计招标应当依法进行公开招标或者邀请招标。

第六条　建筑工程设计招标可以采用设计方案招标或者设计团队招标，招标人可以根据项目特点和实际需要选择。

设计方案招标，是指主要通过对投标人提交的设计方案进行评审确定中标人。

设计团队招标，是指主要通过对投标人拟派设计团队的综合能力进行评审确定中标人。

第七条　公开招标的，招标人应当发布招标公告。邀请招标的，招标人应当向 3 个以上潜在投标人发出投标邀请书。

招标公告或者投标邀请书应当载明招标人名称和地址、招标项目的基本要求、投标人的资质要求以及获取招标文件的办法等事项。

第八条　招标人一般应当将建筑工程的方案设计、初步设计和施工图设计一并招标。确需另行选择设计单位承担初步设计、施工图设计的，应当在招标公告或者投标邀请书中明确。

第九条　鼓励建筑工程实行设计总包。实行设计总包的，按照合同约定或者经招标人同意，设计单位可以不通过招标方式将建筑工程非主体部分的设计进行分包。

第十条　招标文件应当满足设计方案招标或者设计团队招标的

不同需求，主要包括以下内容：

（一）项目基本情况；

（二）城乡规划和城市设计对项目的基本要求；

（三）项目工程经济技术要求；

（四）项目有关基础资料；

（五）招标内容；

（六）招标文件答疑、现场踏勘安排；

（七）投标文件编制要求；

（八）评标标准和方法；

（九）投标文件送达地点和截止时间；

（十）开标时间和地点；

（十一）拟签订合同的主要条款；

（十二）设计费或者计费方法；

（十三）未中标方案补偿办法。

第十一条 招标人应当在资格预审公告、招标公告或者投标邀请书中载明是否接受联合体投标。采用联合体形式投标的，联合体各方应当签订共同投标协议，明确约定各方承担的工作和责任，就中标项目向招标人承担连带责任。

第十二条 招标人可以对已发出的招标文件进行必要的澄清或者修改。澄清或者修改的内容可能影响投标文件编制的，招标人应当在投标截止时间至少 15 日前，以书面形式通知所有获取招标文件的潜在投标人，不足 15 日的，招标人应当顺延提交投标文件的截止时间。

潜在投标人或者其他利害关系人对招标文件有异议的，应当在投标截止时间 10 日前提出。招标人应当自收到异议之日起 3 日内作出答复；作出答复前，应当暂停招标投标活动。

第十三条 招标人应当确定投标人编制投标文件所需要的合理时间，自招标文件开始发出之日起至投标人提交投标文件截止之日止，时限最短不少于 20 日。

第十四条 投标人应当具有与招标项目相适应的工程设计资质。境外设计单位参加国内建筑工程设计投标的，按照国家有关规定执行。

第十五条 投标人应当按照招标文件的要求编制投标文件。投标文件应当对招标文件提出的实质性要求和条件作出响应。

第十六条 评标由评标委员会负责。

评标委员会由招标人代表和有关专家组成。评标委员会人数为 5 人以上单数，其中技术和经济方面的专家不得少于成员总数的 2/3。建筑工程设计方案评标时，建筑专业专家不得少于技术和经济方面专家总数的 2/3。

评标专家一般从专家库随机抽取，对于技术复杂、专业性强或者国家有特殊要求的项目，招标人也可以直接邀请相应专业的中国科学院院士、中国工程院院士、全国工程勘察设计大师以及境外具有相应资历的专家参加评标。

投标人或者与投标人有利害关系的人员不得参加评标委员会。

第十七条 有下列情形之一的，评标委员会应当否决其投标：

（一）投标文件未按招标文件要求经投标人盖章和单位负责人签字；

（二）投标联合体没有提交共同投标协议；

（三）投标人不符合国家或者招标文件规定的资格条件；

（四）同一投标人提交两个以上不同的投标文件或者投标报价，但招标文件要求提交备选投标的除外；

（五）投标文件没有对招标文件的实质性要求和条件作出响应；

（六）投标人有串通投标、弄虚作假、行贿等违法行为；

（七）法律法规规定的其他应当否决投标的情形。

第十八条 评标委员会应当按照招标文件确定的评标标准和方法，对投标文件进行评审。

采用设计方案招标的，评标委员会应当在符合城乡规划、城市设计以及安全、绿色、节能、环保要求的前提下，重点对功能、技术、经济和美观等进行评审。

采用设计团队招标的，评标委员会应当对投标人拟从事项目设计的人员构成、人员业绩、人员从业经历、项目解读、设计构思、投标人信用情况和业绩等进行评审。

第十九条 评标委员会应当在评标完成后，向招标人提出书面评标报告，推荐不超过3个中标候选人，并标明顺序。

第二十条 招标人应当公示中标候选人。采用设计团队招标的，招标人应当公示中标候选人投标文件中所列主要人员、业绩等内容。

第二十一条 招标人根据评标委员会的书面评标报告和推荐的中标候选人确定中标人。招标人也可以授权评标委员会直接确定中标人。

采用设计方案招标的，招标人认为评标委员会推荐的候选方案不能最大限度满足招标文件规定的要求的，应当依法重新招标。

第二十二条 招标人应当在确定中标人后及时向中标人发出中标通知书，并同时将中标结果通知所有未中标人。

第二十三条 招标人应当自确定中标人之日起15日内，向县级以上地方人民政府住房城乡建设主管部门提交招标投标情况的书面报告。

第二十四条 县级以上地方人民政府住房城乡建设主管部门应当自收到招标投标情况的书面报告之日起5个工作日内，公开专家评审意见等信息，涉及国家秘密、商业秘密的除外。

第二十五条 招标人和中标人应当自中标通知书发出之日起30日内，按照招标文件和中标人的投标文件订立书面合同。

第二十六条 招标人、中标人使用未中标方案的，应当征得提交方案的投标人同意并付给使用费。

第二十七条　国务院住房城乡建设主管部门，省、自治区、直辖市人民政府住房城乡建设主管部门应当加强建筑工程设计评标专家和专家库的管理。

建筑专业专家库应当按建筑工程类别细化分类。

第二十八条　住房城乡建设主管部门应当加快推进电子招标投标，完善招标投标信息平台建设，促进建筑工程设计招标投标信息化监管。

第二十九条　招标人以不合理的条件限制或者排斥潜在投标人的，对潜在投标人实行歧视待遇的，强制要求投标人组成联合体共同投标的，或者限制投标人之间竞争的，由县级以上地方人民政府住房城乡建设主管部门责令改正，可以处 1 万元以上 5 万元以下的罚款。

第三十条　招标人澄清、修改招标文件的时限，或者确定的提交投标文件的时限不符合本办法规定的，由县级以上地方人民政府住房城乡建设主管部门责令改正，可以处 10 万元以下的罚款。

第三十一条　招标人不按照规定组建评标委员会，或者评标委员会成员的确定违反本办法规定的，由县级以上地方人民政府住房城乡建设主管部门责令改正，可以处 10 万元以下的罚款，相应评审结论无效，依法重新进行评审。

第三十二条　招标人有下列情形之一的，由县级以上地方人民政府住房城乡建设主管部门责令改正，可以处中标项目金额 10‰以下的罚款；给他人造成损失的，依法承担赔偿责任；对单位直接负责的主管人员和其他直接责任人员依法给予处分：

（一）无正当理由未按本办法规定发出中标通知书；

（二）不按照规定确定中标人；

（三）中标通知书发出后无正当理由改变中标结果；

（四）无正当理由未按本办法规定与中标人订立合同；

（五）在订立合同时向中标人提出附加条件。

第三十三条 投标人以他人名义投标或者以其他方式弄虚作假，骗取中标的，中标无效，给招标人造成损失的，依法承担赔偿责任；构成犯罪的，依法追究刑事责任。

投标人有前款所列行为尚未构成犯罪的，由县级以上地方人民政府住房城乡建设主管部门处中标项目金额5‰以上10‰以下的罚款，对单位直接负责的主管人员和其他直接责任人员处单位罚款数额5%以上10%以下的罚款；有违法所得的，并处没收违法所得；情节严重的，取消其1年至3年内参加依法必须进行招标的建筑工程设计招标的投标资格，并予以公告，直至由工商行政管理机关吊销营业执照。

第三十四条 评标委员会成员收受投标人的财物或者其他好处的，评标委员会成员或者参加评标的有关工作人员向他人透露对投标文件的评审和比较、中标候选人的推荐以及与评标有关的其他情况的，由县级以上地方人民政府住房城乡建设主管部门给予警告，没收收受的财物，可以并处3000元以上5万元以下的罚款。

评标委员会成员有前款所列行为的，由有关主管部门通报批评并取消担任评标委员会成员的资格，不得再参加任何依法必须进行招标的建筑工程设计招标投标的评标；构成犯罪的，依法追究刑事责任。

第三十五条 评标委员会成员违反本办法规定，对应当否决的投标不提出否决意见的，由县级以上地方人民政府住房城乡建设主管部门责令改正；情节严重的，禁止其在一定期限内参加依法必须进行招标的建筑工程设计招标投标的评标；情节特别严重的，由有关主管部门取消其担任评标委员会成员的资格。

第三十六条 住房城乡建设主管部门或者有关职能部门的工作人员徇私舞弊、滥用职权或者玩忽职守，构成犯罪的，依法追究刑事责任；不构成犯罪的，依法给予行政处分。

第三十七条 市政公用工程及园林工程设计招标投标参照本办法执行。

第三十八条 本办法自 2017 年 5 月 1 日起施行。2000 年 10 月 18 日建设部颁布的《建筑工程设计招标投标管理办法》（建设部令第 82 号）同时废止。

房屋建筑和市政基础设施
工程施工招标投标管理办法

中华人民共和国建设部令
第 89 号

《房屋建筑和市政基础设施工程施工招标投标管理办法》已于二〇〇一年五月三十一日经第四十三次部常务会议讨论通过，现予发布，自发布之日起施行。

建设部部长

二〇〇一年六月一日

第一章 总 则

第一条 为了规范房屋建筑和市政基础设施工程施工招标投标活动，维护招标投标当事人的合法权益，依据《中华人民共和国建筑法》、《中华人民共和国招标投标法》等法律、行政法规，制定本办法。

第二条 在中华人民共和国境内从事房屋建筑和市政基础设施工程施工招标投标活动，实施对房屋建筑和市政基础设施工程施工招标投标活动的监督管理，适用本办法。

本办法所称房屋建筑工程，是指各类房屋建筑及其附属设施和与其配套的线路、管道、设备安装工程及室内外装修工程。

本办法所称市政基础设施工程，是指城市道路、公共交通、供水、排水、燃气、热力、园林、环卫、污水处理、垃圾处理、防洪、地下公共设施及附属设施的土建、管道、设备安装工程。

第三条 房屋建筑和市政基础设施工程（以下简称工程）的施工单项合同估算价在 200 万元人民币以上，或者项目总投资在 3000 万元人民币以上的，必须进行招标。

省、自治区、直辖市人民政府建设行政主管部门报经同级人民政府批准，可以根据实际情况，规定本地区必须进行工程施工招标的具体范围和规模标准，但不得缩小本办法确定的必须进行施工招标的范围。

第四条 国务院建设行政主管部门负责全国工程施工招标投标活动的监督管理。

县级以上地方人民政府建设行政主管部门负责本行政区域内工程施工招标投标活动的监督管理。具体的监督管理工作，可以委托工程招标投标监督管理机构负责实施。

第五条 任何单位和个人不得违反法律、行政法规规定，限制或者排斥本地区、本系统以外的法人或者其他组织参加投标，不得以任何方式非法干涉施工招标投标活动。

第六条 施工招标投标活动及其当事人应当依法接受监督。

建设行政主管部门依法对施工招标投标活动实施监督，查处施工招标投标活动中的违法行为。

第二章 招 标

第七条 工程施工招标由招标人依法组织实施。招标人不得以不合理条件限制或者排斥潜在投标人，不得对潜在投标人实行歧视待遇，不得对潜在投标人提出与招标工程实际要求不符的过高的资质等级要求和其他要求。

第八条 工程施工招标应当具备下列条件：

（一）按照国家有关规定需要履行项目审批手续的，已经履行审批手续；

（二）工程资金或者资金来源已经落实；

（三）有满足施工招标需要的设计文件及其他技术资料；

（四）法律、法规、规章规定的其他条件。

第九条 工程施工招标分为公开招标和邀请招标。

依法必须进行施工招标的工程，全部使用国有资金投资或者国有资金投资占控股或者主导地位的，应当公开招标，但经国家计委或者省、自治区、直辖市人民政府依法批准可以进行邀请招标的重点建设项目除外；其他工程可以实行邀请招标。

第十条 工程有下列情形之一的，经县级以上地方人民政府建设行政主管部门批准，可以不进行施工招标：

（一）停建或者缓建后恢复建设的单位工程，且承包人未发生变更的；

（二）施工企业自建自用的工程，且该施工企业资质等级符合工程要求的；

（三）在建工程追加的附属小型工程或者主体加层工程，且承包人未发生变更的；

（四）法律、法规、规章规定的其他情形。

第十一条 依法必须进行施工招标的工程，招标人自行办理施工招标事宜的，应当具有编制招标文件和组织评标的能力：

（一）有专门的施工招标组织机构；

（二）有与工程规模、复杂程度相适应并具有同类工程施工招标经验、熟悉有关工程施工招标法律法规的工程技术、概预算及工程管理的专业人员。

不具备上述条件的，招标人应当委托具有相应资格的工程招标代理机构代理施工招标。

第十二条 招标人自行办理施工招标事宜的，应当在发布招标公告或者发出投标邀请书的 5 日前，向工程所在地县级以上地方人民政府建设行政主管部门备案，并报送下列材料：

（一）按照国家有关规定办理审批手续的各项批准文件；

（二）本办法第十一条所列条件的证明材料，包括专业技术人员的名单、职称证书或者执业资格证书及其工作经历的证明材料；

（三）法律、法规、规章规定的其他材料。

招标人不具备自行办理施工招标事宜条件的，建设行政主管部门应当自收到备案材料之日起 5 日内责令招标人停止自行办理施工招标事宜。

第十三条 全部使用国有资金投资或者国有资金投资占控股或者主导地位，依法必须进行施工招标的工程项目，应当进入有形建筑市场进行招标投标活动。

政府有关管理机关可以在有形建筑市场集中办理有关手续，并依法实施监督。

第十四条 依法必须进行施工公开招标的工程项目，应当在国家或者地方指定的报刊、信息网络或者其他媒介上发布招标公告，并同时在中国工程建设和建筑业信息网上发布招标公告。

招标公告应当载明招标人的名称和地址，招标工程的性质、规模、地点以及获取招标文件的办法等事项。

第十五条 招标人采用邀请招标方式的，应当向 3 个以上符合资质条件的施工企业发出投标邀请书。

投标邀请书应当载明本办法第十四条第二款规定的事项。

第十六条 招标人可以根据招标工程的需要，对投标申请人进行资格预审，也可以委托工程招标代理机构对投标申请人进行资格预审。实行资格预审的招标工程，招标人应当在招标公告或者投标邀请书中载明资格预审的条件和获取资格预审文件的办法。

资格预审文件一般应当包括资格预审申请书格式、申请人须知，以及需要投标申请人提供的企业资质、业绩、技术装备、财务状况和拟派出的项目经理与主要技术人员的简历、业绩等证明材料。

第十七条 经资格预审后，招标人应当向资格预审合格的投标申请人发出资格预审合格通知书，告知获取招标文件的时间、地点和方法，并同时向资格预审不合格的投标申请人告知资格预审结果。

在资格预审合格的投标申请人过多时，可以由招标人从中选择不少于 7 家资格预审合格的投标申请人。

第十八条 招标人应当根据招标工程的特点和需要，自行或者委托工程招标代理机构编制招标文件。招标文件应当包括下列内容：

（一）投标须知，包括工程概况，招标范围，资格审查条件，工程资金来源或者落实情况（包括银行出具的资金证明），标段划分，工期要求，质量标准，现场踏勘和答疑安排，投标文件编制、提交、修改、撤回的要求，投标报价要求，投标有效期，开标的时间和地点，评标的方法和标准等；

（二）招标工程的技术要求和设计文件；

（三）采用工程量清单招标的，应当提供工程量清单；

（四）投标函的格式及附录；

（五）拟签订合同的主要条款；

（六）要求投标人提交的其他材料。

第十九条 依法必须进行施工招标的工程，招标人应当在招标文件发出的同时，将招标文件报工程所在地的县级以上地方人民政府建设行政主管部门备案。建设行政主管部门发现招标文件有违反法律、法规内容的，应当责令招标人改正。

第二十条 招标人对已发出的招标文件进行必要的澄清或者修改的，应当在招标文件要求提交投标文件截止时间至少 15 日前，以书面形式通知所有招标文件收受人，并同时报工程所在地的县级以上地方人民政府建设行政主管部门备案。该澄清或者修改的内容为招标文件的组成部分。

第二十一条 招标人设有标底的，应当依据国家规定的工程量计算规则及招标文件规定的计价方法和要求编制标底，并在开标前保密。一个招标工程只能编制一个标底。

第二十二条 招标人对于发出的招标文件可以酌收工本费。其中的设计文件，招标人可以酌收押金。对于开标后将设计文件退还的，招标人应当退还押金。

第三章 投 标

第二十三条 施工招标的投标人是响应施工招标、参与投标竞争的施工企业。

投标人应当具备相应的施工企业资质，并在工程业绩、技术能力、项目经理资格条件、财务状况等方面满足招标文件提出的要求。

第二十四条 投标人对招标文件有疑问需要澄清的，应当以书面形式向招标人提出。

第二十五条 投标人应当按照招标文件的要求编制投标文件，对招标文件提出的实质性要求和条件作出响应。

招标文件允许投标人提供备选标的，投标人可以按照招标文件的要求提交替代方案，并作出相应报价作备选标。

第二十六条 投标文件应当包括下列内容：

（一）投标函；

（二）施工组织设计或者施工方案；

（三）投标报价；

（四）招标文件要求提供的其他材料。

第二十七条 招标人可以在招标文件中要求投标人提交投标担保。投标担保可以采用投标保函或者投标保证金的方式。投标保证金可以使用支票、银行汇票等，一般不得超过投标总价的 2%，最高不得超过 50 万元。

投标人应当按照招标文件要求的方式和金额，将投标保函或者投标保证金随投标文件提交招标人。

第二十八条 投标人应当在招标文件要求提交投标文件的截止时间前，将投标文件密封送达投标地点。招标人收到投标文件后，应当向投标人出具标明签收人和签收时间的凭证，并妥善保存投标文件。在开标前，任何单位和个人均不得开启投标文件。在招标文件要求提交投标文件的截止时间后送达的投标文件，为无效的投标文件，招标人应当拒收。

提交投标文件的投标人少于 3 个的，招标人应当依法重新招标。

第二十九条 投标人在招标文件要求提交投标文件的截止时间前，可以补充、修改或者撤回已提交的投标文件。补充、修改的内容为投标文件的组成部分，并应当按照本办法第二十八条第一款的规定送达、签收和保管。在招标文件要求提交投标文件的截止时间后送达的补充或者修改的内容无效。

第三十条 两个以上施工企业可以组成一个联合体，签订共同投标协议，以一个投标人的身份共同投标。联合体各方均应当具备承担招标工程的相应资质条件。相同专业的施工企业组成的联合体，按照资质等级低的施工企业的业务许可范围承揽工程。

招标人不得强制投标人组成联合体共同投标，不得限制投标人之间的竞争。

第三十一条 投标人不得相互串通投标，不得排挤其他投标人的公平竞争，损害招标人或者其他投标人的合法权益。

投标人不得与招标人串通投标，损害国家利益、社会公共利益或者他人的合法权益。

禁止投标人以向招标人或者评标委员会成员行贿的手段谋取中标。

第三十二条 投标人不得以低于其企业成本的报价竞标，不得以他人名义投标或者以其他方式弄虚作假，骗取中标。

第四章 开标、评标和中标

第三十三条 开标应当在招标文件确定的提交投标文件截止时间的同一时间公开进行；开标地点应当为招标文件中预先确定的地点。

第三十四条 开标由招标人主持，邀请所有投标人参加。开标应当按照下列规定进行：

由投标人或者其推选的代表检查投标文件的密封情况，也可以由招标人委托的公证机构进行检查并公证。经确认无误后，由有关工作人员当众拆封，宣读投标人名称、投标价格和投标文件的其他主要内容。

招标人在招标文件要求提交投标文件的截止时间前收到的所有投标文件，开标时都应当当众予以拆封、宣读。

开标过程应当记录，并存档备查。

第三十五条 在开标时，投标文件出现下列情形之一的，应当作为无效投标文件，不得进入评标：

（一）投标文件未按照招标文件的要求予以密封的；

（二）投标文件中的投标函未加盖投标人的企业及企业法定代表人印章的，或者企业法定代表人委托代理人没有合法、有效的委托书（原件）及委托代理人印章的；

（三）投标文件的关键内容字迹模糊、无法辨认的；

（四）投标人未按照招标文件的要求提供投标保函或者投标保证金的；

（五）组成联合体投标的，投标文件未附联合体各方共同投标协议的。

第三十六条 评标由招标人依法组建的评标委员会负责。

依法必须进行施工招标的工程，其评标委员会由招标人的代表和有关技术、经济等方面的专家组成，成员人数为 5 人以上单数，其中招标人、招标代理机构以外的技术、经济等方面专家不得少于成员总数的三分之二。评标委员会的专家成员，应当由招标人从建设行政主管部门及其他有关政府部门确定的专家名册或者工程招标代理机构的专家库内相关专业的专家名单中确定。确定专家成员一般应当采取随机抽取的方式。

与投标人有利害关系的人不得进入相关工程的评标委员会。评标委员会成员的名单在中标结果确定前应当保密。

第三十七条 建设行政主管部门的专家名册应当拥有一定数量规模并符合法定资格条件的专家。省、自治区、直辖市人民政府建设行政主管部门可以将专家数量少的地区的专家名册予以合并或者实行专家名册计算机联网。

建设行政主管部门应当对进入专家名册的专家组织有关法律和业务培训，对其评标能力、廉洁公正等进行综合评估，及时取消不称职或者违法违规人员的评标专家资格。被取消评标专家资格的人员，不得再参加任何评标活动。

第三十八条 评标委员会应当按照招标文件确定的评标标准和方法，对投标文件进行评审和比较，并对评标结果签字确认；设有标底的，应当参考标底。

第三十九条 评标委员会可以用书面形式要求投标人对投标文件中含义不明确的内容作必要的澄清或者说明。投标人应当采用书面形式进行澄清或者说明，其澄清或者说明不得超出投标文件的范围或者改变投标文件的实质性内容。

第四十条 评标委员会经评审，认为所有投标文件都不符合招标文件要求的，可以否决所有投标。

依法必须进行施工招标工程的所有投标被否决的，招标人应当依法重新招标。

第四十一条 评标可以采用综合评估法、经评审的最低投标价法或者法律法规允许的其他评标方法。

采用综合评估法的，应当对投标文件提出的工程质量、施工工期、投标价格、施工组织设计或者施工方案、投标人及项目经理业绩等，能否最大限度地满足招标文件中规定的各项要求和评价标准进行评审和比较。以评分方式进行评估的，对于各种评比奖项不得额外计分。

采用经评审的最低投标价法的，应当在投标文件能够满足招标文件实质性要求的投标人中，评审出投标价格最低的投标人，但投标价格低于其企业成本的除外。

第四十二条 评标委员会完成评标后，应当向招标人提出书面评标报告，阐明评标委员会对各投标文件的评审和比较意见，并按照招标文件中规定的评标方法，推荐不超过3名有排序的合格的中标候选人。招标人根据评标委员会提出的书面评标报告和推荐的中标候选人确定中标人。

使用国有资金投资或者国家融资的工程项目，招标人应当按照中标候选人的排序确定中标人。当确定中标的中标候选人放弃中标或者因不可抗力提出不能履行合同的，招标人可以依序确定其他中标候选人为中标人。

招标人也可以授权评标委员会直接确定中标人。

第四十三条 有下列情形之一的，评标委员会可以要求投标人作出书面说明并提供相关材料：

（一）设有标底的，投标报价低于标底合理幅度的；

（二）不设标底的，投标报价明显低于其他投标报价，有可能低于其企业成本的。

经评标委员会论证，认定该投标人的报价低于其企业成本的，不能推荐为中标候选人或者中标人。

第四十四条 招标人应当在投标有效期截止时限30日前确定中标人。投标有效期应当在招标文件中载明。

第四十五条 依法必须进行施工招标的工程，招标人应当自确定中标人之日起 15 日内，向工程所在地的县级以上地方人民政府建设行政主管部门提交施工招标投标情况的书面报告。书面报告应当包括下列内容：

（一）施工招标投标的基本情况，包括施工招标范围、施工招标方式、资格审查、开评标过程和确定中标人的方式及理由等。

（二）相关的文件资料，包括招标公告或者投标邀请书、投标报名表、资格预审文件、招标文件、评标委员会的评标报告（设有标底的，应当附标底）、中标人的投标文件。委托工程招标代理的，还应当附工程施工招标代理委托合同。

前款第二项中已按照本办法的规定办理了备案的文件资料，不再重复提交。

第四十六条 建设行政主管部门自收到书面报告之日起 5 日内未通知招标人在招标投标活动中有违法行为的，招标人可以向中标人发出中标通知书，并将中标结果通知所有未中标的投标人。

第四十七条 招标人和中标人应当自中标通知书发出之日起 30 日内，按照招标文件和中标人的投标文件订立书面合同；招标人和中标人不得再行订立背离合同实质性内容的其他协议。订立书面合同后 7 日内，中标人应当将合同送县级以上工程所在地的建设行政主管部门备案。

中标人不与招标人订立合同的，投标保证金不予退还并取消其中标资格，给招标人造成的损失超过投标保证金数额的，应当对超过部分予以赔偿；没有提交投标保证金的，应当对招标人的损失承担赔偿责任。

招标人无正当理由不与中标人签订合同，给中标人造成损失的，招标人应当给予赔偿。

第四十八条 招标文件要求中标人提交履约担保的，中标人应当提交。招标人应当同时向中标人提供工程款支付担保。

第五章　罚　则

第四十九条　有违反《招标投标法》行为的，县级以上地方人民政府建设行政主管部门应当按照《招标投标法》的规定予以处罚。

第五十条　招标投标活动中有《招标投标法》规定中标无效情形的，由县级以上地方人民政府建设行政主管部门宣布中标无效，责令重新组织招标，并依法追究有关责任人责任。

第五十一条　应当招标未招标的，应当公开招标未公开招标的，县级以上地方人民政府建设行政主管部门应当责令改正，拒不改正的，不得颁发施工许可证。

第五十二条　招标人不具备自行办理施工招标事宜条件而自行招标的，县级以上地方人民政府建设行政主管部门应当责令改正，处1万元以下的罚款。

第五十三条　评标委员会的组成不符合法律、法规规定的，县级以上地方人民政府建设行政主管部门应当责令招标人重新组织评标委员会。招标人拒不改正的，不得颁发施工许可证。

第五十四条　招标人未向建设行政主管部门提交施工招标投标情况书面报告的，县级以上地方人民政府建设行政主管部门应当责令改正；在未提交施工招标投标情况书面报告前，建设行政主管部门不予颁发施工许可证。

第六章　附　则

第五十五条　工程施工专业分包、劳务分包采用招标方式的，参照本办法执行。

第五十六条　招标文件或者投标文件使用两种以上语言文字的，必须有一种是中文；如对不同文本的解释发生异议的，以中文文本为准。用文字表示的金额与数字表示的金额不一致的，以文字表示的金额为准。

第五十七条 涉及国家安全、国家秘密、抢险救灾或者属于利用扶贫资金实行以工代赈、需要使用农民工等特殊情况，不适宜进行施工招标的工程，按照国家有关规定可以不进行施工招标。

第五十八条 使用国际组织或者外国政府贷款、援助资金的工程进行施工招标，贷款方、资金提供方对招标投标的具体条件和程序有不同规定的，可以适用其规定，但违背中华人民共和国的社会公共利益的除外。

第五十九条 本办法由国务院建设行政主管部门负责解释。

第六十条 本办法自发布之日起施行。1992 年 12 月 30 建设部颁布的《工程建设施工招标投标管理办法》（建设部令第 23 号）同时废止。

关于进一步加强房屋建筑和市政
工程项目招标投标监督管理
工作的指导意见

建市〔2012〕61号

各省、自治区住房和城乡建设厅，直辖市建委（建设交通委），新疆生产建设兵团建设局：

为全面贯彻《招标投标法实施条例》，深入落实工程建设领域突出问题专项治理有关要求，进一步规范房屋建筑和市政工程项目（以下简称房屋市政工程项目）招标投标活动，严厉打击招标投标过程中存在的规避招标、串通投标、以他人名义投标、弄虚作假等违法违规行为，维护建筑市场秩序，保障工程质量和安全，现就加强房屋市政工程项目招标投标监管有关重点工作提出如下意见。

一、依法履行招标投标监管职责，做好招标投标监管工作

招标投标活动是房屋市政工程项目建设的重要环节，加强招标投标监管是住房城乡建设主管部门履行建筑市场监管职责，规范建筑市场秩序，确保工程质量安全的重要手段。各地住房城乡建设主管部门要认真贯彻落实《招标投标法实施条例》，在全面清理现有规定的同时，抓紧完善配套法规和相关制度。按照法律法规等规定，依法履行房屋市政工程项目招标投标监管职责，合理配置监管资源，重点加强政府和国有投资房屋市政工程项目招标投标监管，探索优化非国有投资房屋市政工程项目的监管方式。加强招标投标过程监督和标后监管，形成"两场联动"监管机制，依法查处违法违规行为。加强有形市场（招标投标交易场所）建设，推进招标投标监管工作的规范化、标准化和信息化。加强与纪检监察部门的联动，加强管理、完善制度、堵塞漏洞。探索引入社会监督机制，建

立招标投标特邀监督员、社会公众旁听等制度，提高招标投标工作的透明度。

二、加快推行电子招标投标，提高监管效率

电子招标投标是一种新型工程交易方式，有利于降低招标投标成本，方便各方当事人，提高评标效率，减少人为因素干扰，遏制弄虚作假行为，增加招标投标活动透明度，保证招标投标活动的公开、公平和公正，预防和减少腐败现象的发生。各省级住房城乡建设主管部门要充分认识推行电子招标投标的重要意义，统一规划，稳步推进，避免重复建设。可依托有形市场，按照科学、安全、高效、透明的原则，健全完善房屋市政工程项目电子招标投标系统。通过推行电子招标投标，实现招标投标交易、服务、监管和监察的全过程电子化。电子招标投标应当包括招标投标活动各类文件无纸化、工作流程网络化、计算机辅助评标、异地远程评标、招标投标档案电子化管理、电子监察等。各地住房城乡建设主管部门在积极探索完善电子招标投标系统的同时，应当逐步实现与行业注册人员、企业和房屋市政工程项目等数据库对接，不断提高监管效率。

各地住房城乡建设主管部门应当在电子招标投标系统功能建设、维护等方面给予政策、资金、人员和设施等支持，确保电子招标投标系统建设稳步推进。

三、建立完善综合评标专家库，探索开展标后评估制度

住房城乡建设部在2012年底前建立全国房屋市政工程项目综合评标专家库，研究制定评标专家特别是资深和稀缺专业评标专家标准及管理使用办法。各省级住房城乡建设主管部门应当按照我部的统一部署和要求，在2013年6月底前将本地区的房屋市政工程项目评标专家库与全国房屋市政工程项目综合评标专家库对接，逐步实现评标专家资源共享和评标专家异地远程评标，为招标人跨地区乃至在全国范围内选择评标专家提供服务。

各地住房城乡建设主管部门要研究出台评标专家管理和使用办

法，健全完善对评标专家的入库审查、考核培训、动态监管和抽取监督等管理制度，加强对评标专家的管理，严格履行对评标专家的监管职责。研究建立住房城乡建设系统标后评估制度，推选一批"品德正、业务精、经验足、信誉好"的资深评标专家，对评标委员会评审情况和评标报告进行抽查和后评估，查找分析专家评标过程中存在的突出问题，提出评价建议，不断提高评标质量。对于不能胜任评标工作或者有不良行为记录的评标专家，应当暂停或者取消其评标专家资格；对于有违法违规行为、不能公正履行职责的评标专家，应当依法从严查处、清出。

四、利用好现有资源，充分发挥有形市场作用

招标投标监管是建筑市场监管的源头，有形市场作为房屋市政工程项目交易服务平台，对于加强建筑市场交易活动管理和施工现场质量安全行为管理，促进"两场联动"具有重要意义。各地住房城乡建设主管部门要从实际出发，充分利用有形市场现有场地、人员、设备、信息及专业管理经验等资源，进一步完善有形市场服务功能，加强有形市场设施建设，为房屋市政工程项目招标投标活动和建筑市场监管、工程项目建设实施和质量安全监督、诚信体系建设等提供数据信息支持，为建设工程招标投标活动提供优良服务。各地住房城乡建设主管部门要按照《关于开展工程建设领域突出问题专项治理工作的意见》（中办发〔2009〕27号）提出的"统一进场、集中交易、行业监管、行政监察"要求，加强对有形市场的管理，创新考核机制，强化对有形市场建设的监督、指导，严格规范有形市场的收费，坚决取消不合理的收费项目，及时研究、解决实际工作中遇到的困难和问题，继续做好与纪检监察及其他有关部门的协调配合工作。

五、加强工程建设项目招标代理机构资格管理，规范招标投标市场秩序

依据《招标投标法》及相关规定，从事工程建设项目招标代理

业务的机构，应当依法取得国务院住房城乡建设主管部门或者省级人民政府住房城乡建设主管部门认定的工程建设项目招标代理机构资格，并在其资格许可的范围内从事相应的工程建设项目招标代理业务。各地住房城乡建设主管部门要依法严格执行工程建设项目招标代理机构资格市场准入和清出制度，加强对工程建设项目招标代理机构及其从业人员的动态监管，严肃查处工程建设项目招标代理机构挂靠出让资格、泄密、弄虚作假、串通投标等违法行为。对于有违法违规行为的工程建设项目招标代理机构和从业人员，要按照《关于印发〈建筑市场诚信行为信息管理办法〉的通知》（建市〔2007〕9号）和《关于印发〈全国建筑市场注册执业人员不良行为记录认定标准〉（试行）的通知》（建办市〔2011〕38号）要求，及时记入全国建筑市场主体不良行为记录，通过全国建筑市场诚信信息平台向全社会公布，营造"诚信激励、失信惩戒"的市场氛围。

各地住房城乡建设主管部门要加强工程建设项目招标代理合同管理。工程建设项目招标代理机构与招标人签订的书面委托代理合同应当明确招标代理项目负责人，项目负责人应当是具有工程建设类注册执业资格的本单位在职人员。工程建设项目招标代理机构从业人员应当具备相应能力，办理工程建设项目招标代理业务应当实行实名制，并对所代理业务承担相应责任。工程建设项目招标代理合同应当报当地住房城乡建设主管部门备案。

六、加强招标公告管理，加大招标投标过程公开公示力度

公开透明是从源头预防和遏制腐败的治本之策，是实现招标投标"公开、公平、公正"的重要途径。各地住房城乡建设主管部门应当加强招标公告管理，房屋市政工程项目招标人应当通过有形市场发布资格预审公告或者招标公告。有形市场应当建立与法定招标公告发布媒介的有效链接。资格预审公告或招标公告内容应当真实合法，不得设定与招标项目的具体特点和实际需要不相适应的不合

理条件限制和排斥潜在投标人。

各地住房城乡建设主管部门要进一步健全中标候选人公示制度，依法必须进行招标的项目，招标人应当在有形市场公示中标候选人。公示应当包括以下内容：评标委员会推荐的中标候选人名单及其排序；采用资格预审方式的，资格预审的结果；唱标记录；投标文件被判定为废标的投标人名称、废标原因及其依据；评标委员会对投标报价给予修正的原因、依据和修正结果；评标委员会成员对各投标人投标文件的评分；中标价和中标价中包括的暂估价、暂列金额等。

各地住房城乡建设主管部门要认真执行《招标投标法》、《招标投标法实施条例》等法律法规和本指导意见，不断总结完善招标投标监管成熟经验做法，狠抓制度配套落实，切实履行好房屋市政工程招标投标监管职责，不断规范招标投标行为，促进建筑市场健康发展。

中华人民共和国住房和城乡建设部

二〇一二年四月十八日

建筑施工特种作业
人员管理规定

关于印发《建筑施工特种 0 作业

人员管理规定》的通知

建质〔2008〕75 号

各省、自治区建设厅，直辖市建委，江苏省、山东省建管
局，新疆生产建设兵团建设局：

现将《建筑施工特种作业人员管理规定》印发给你
们，请结合本地区实际贯彻执行。

中华人民共和国住房和城乡建设部

二〇〇八年四月十八日

第一章　总　则

第一条　为加强对建筑施工特种作业人员的管理，防止和减少
生产安全事故，根据《安全生产许可证条例》、《建筑起重机械安
全监督管理规定》等法规规章，制定本规定。

第二条　建筑施工特种作业人员的考核、发证、从业和监督管理，适用本规定。

本规定所称建筑施工特种作业人员是指在房屋建筑和市政工程施工活动中，从事可能对本人、他人及周围设备设施的安全造成重大危害作业的人员。

第三条　建筑施工特种作业包括：

（一）建筑电工；

（二）建筑架子工；

（三）建筑起重信号司索工；

（四）建筑起重机械司机；

（五）建筑起重机械安装拆卸工；

（六）高处作业吊篮安装拆卸工；

（七）经省级以上人民政府建设主管部门认定的其他特种作业。

第四条　建筑施工特种作业人员必须经建设主管部门考核合格，取得建筑施工特种作业人员操作资格证书（以下简称"资格证书"），方可上岗从事相应作业。

第五条　国务院建设主管部门负责全国建筑施工特种作业人员的监督管理工作。

省、自治区、直辖市人民政府建设主管部门负责本行政区域内建筑施工特种作业人员的监督管理工作。

第二章　考　核

第六条　建筑施工特种作业人员的考核发证工作，由省、自治区、直辖市人民政府建设主管部门或其委托的考核发证机构（以下简称"考核发证机关"）负责组织实施。

第七条　考核发证机关应当在办公场所公布建筑施工特种作

业人员申请条件、申请程序、工作时限、收费依据和标准等事项。

考核发证机关应当在考核前在机关网站或新闻媒体上公布考核科目、考核地点、考核时间和监督电话等事项。

第八条 申请从事建筑施工特种作业的人员，应当具备下列基本条件：

（一）年满18周岁且符合相关工种规定的年龄要求；

（二）经医院体检合格且无妨碍从事相应特种作业的疾病和生理缺陷；

（三）初中及以上学历；

（四）符合相应特种作业需要的其他条件。

第九条 符合本规定第八条规定的人员应当向本人户籍所在地或者从业所在地考核发证机关提出申请，并提交相关证明材料。

第十条 考核发证机关应当自收到申请人提交的申请材料之日起5个工作日内依法作出受理或者不予受理决定。

对于受理的申请，考核发证机关应当及时向申请人核发准考证。

第十一条 建筑施工特种作业人员的考核内容应当包括安全技术理论和实际操作。

考核大纲由国务院建设主管部门制定。

第十二条 考核发证机关应当自考核结束之日起10个工作日内公布考核成绩。

第十三条 考核发证机关对于考核合格的，应当自考核结果公布之日起10个工作日内颁发资格证书；对于考核不合格的，应当通知申请人并说明理由。

第十四条 资格证书应当采用国务院建设主管部门规定的统一样式，由考核发证机关编号后签发。资格证书在全国通用。

资格证书样式、编号规则见有关文件。

第三章 从 业

第十五条 持有资格证书的人员，应当受聘于建筑施工企业或者建筑起重机械出租单位（以下简称用人单位），方可从事相应的特种作业。

第十六条 用人单位对于首次取得资格证书的人员，应当在其正式上岗前安排不少于 3 个月的实习操作。

第十七条 建筑施工特种作业人员应当严格按照安全技术标准、规范和规程进行作业，正确佩戴和使用安全防护用品，并按规定对作业工具和设备进行维护保养。

建筑施工特种作业人员应当参加年度安全教育培训或者继续教育，每年不得少于 24 小时。

第十八条 在施工中发生危及人身安全的紧急情况时，建筑施工特种作业人员有权立即停止作业或者撤离危险区域，并向施工现场专职安全生产管理人员和项目负责人报告。

第十九条 用人单位应当履行下列职责：

（一）与持有效资格证书的特种作业人员订立劳动合同；

（二）制定并落实本单位特种作业安全操作规程和有关安全管理制度；

（三）书面告知特种作业人员违章操作的危害；

（四）向特种作业人员提供齐全、合格的安全防护用品和安全的作业条件；

（五）按规定组织特种作业人员参加年度安全教育培训或者继续教育，培训时间不少于 24 小时；

（六）建立本单位特种作业人员管理档案；

（七）查处特种作业人员违章行为并记录在档；

（八）法律法规及有关规定明确的其他职责。

第二十条　任何单位和个人不得非法涂改、倒卖、出租、出借或者以其他形式转让资格证书。

第二十一条　建筑施工特种作业人员变动工作单位，任何单位和个人不得以任何理由非法扣押其资格证书。

第四章　延期复核

第二十二条　资格证书有效期为两年。有效期满需要延期的，建筑施工特种作业人员应当于期满前3个月内向原考核发证机关申请办理延期复核手续。延期复核合格的，资格证书有效期延期2年。

第二十三条　建筑施工特种作业人员申请延期复核，应当提交下列材料：

（一）身份证（原件和复印件）；

（二）体检合格证明；

（三）年度安全教育培训证明或者继续教育证明；

（四）用人单位出具的特种作业人员管理档案记录；

（五）考核发证机关规定提交的其他资料。

第二十四条　建筑施工特种作业人员在资格证书有效期内，有下列情形之一的，延期复核结果为不合格：

（一）超过相关工种规定年龄要求的；

（二）身体健康状况不再适应相应特种作业岗位的；

（三）对生产安全事故负有责任的；

（四）2年内违章操作记录达3次（含3次）以上的；

（五）未按规定参加年度安全教育培训或者继续教育的；

（六）考核发证机关规定的其他情形。

第二十五条　考核发证机关在收到建筑施工特种作业人员提交的延期复核资料后，应当根据以下情况分别作出处理：

（一）对于属于本规定第二十四条情形之一的，自收到延期复核资料之日起 5 个工作日内作出不予延期决定，并说明理由；

（二）对于提交资料齐全且无本规定第二十四条情形的，自受理之日起 10 个工作日内办理准予延期复核手续，并在证书上注明延期复核合格，并加盖延期复核专用章。

第二十六条 考核发证机关应当在资格证书有效期满前按本规定第二十五条作出决定；逾期未作出决定的，视为延期复核合格。

第五章 监督管理

第二十七条 考核发证机关应当制定建筑施工特种作业人员考核发证管理制度，建立本地区建筑施工特种作业人员档案。

县级以上地方人民政府建设主管部门应当监督检查建筑施工特种作业人员从业活动，查处违章作业行为并记录在档。

第二十八条 考核发证机关应当在每年年底向国务院建设主管部门报送建筑施工特种作业人员考核发证和延期复核情况的年度统计信息资料。

第二十九条 有下列情形之一的，考核发证机关应当撤销资格证书：

（一）持证人弄虚作假骗取资格证书或者办理延期复核手续的；

（二）考核发证机关工作人员违法核发资格证书的；

（三）考核发证机关规定应当撤销资格证书的其他情形。

第三十条 有下列情形之一的，考核发证机关应当注销资格证书：

（一）依法不予延期的；

（二）持证人逾期未申请办理延期复核手续的；

（三）持证人死亡或者不具有完全民事行为能力的；

（四）考核发证机关规定应当注销的其他情形。

第六章 附 则

第三十一条 省、自治区、直辖市人民政府建设主管部门可结合本地区实际情况制定实施细则，并报国务院建设主管部门备案。

第三十二条 本办法自 2008 年 6 月 1 日起施行。